REFLEXÕES ESPIRITUAIS

SALVADOR CANALS

REFLEXÕES ESPIRITUAIS

2ª edição

Conheça nossos clubes

Conheça nosso site

@editoraquadrante
@editoraquadrante
@quadranteeditora
Quadrante

Título original
Ascetica meditata

Copyright © Edizioni Ares, Milão

Tradução de
Emérico da Gama

Dados Internacionais de Catalogação na Publicação (CIP)
(Câmara Brasileira do Livro, SP, Brasil)

Canals, Salvador
 Reflexões espirituais – 2ª edição / Salvador Canals. – São Paulo: Quadrante Editora, 2023.
 ISBN: 978-85-7465-545-1
 1. Vida cristã. 2. Religião. I. Título

21-86668 CDD 248.4

200

Índice para catálogo sistemático:
1. Vida cristã: Cristianismo 248.4
2. Religião 200

Todos os direitos reservados a
QUADRANTE EDITORA
Rua Bernardo da Veiga, 47 - Tel.: 3873-2270
CEP 01252-020 - São Paulo - SP
www.quadrante.com.br / atendimento@quadrante.com.br

SUMÁRIO

AO LEITOR 7
JESUS, O AMIGO 9
A NOSSA VOCAÇÃO CRISTÃ 15
UM IDEAL PARA A VIDA 19
VIDA INTERIOR 25
GUARDA DO CORAÇÃO 31
O CAMINHO REAL 37
A ESPERANÇA CRISTÃ 41
HUMILDADE 49
MANSIDÃO 53
AS HUMILHAÇÕES 59
O ITINERÁRIO DO ORGULHO 65
CELIBATO E CASTIDADE 71

VERDADEIRAS E FALSAS VIRTUDES	77
A SERENIDADE	83
A «CRÍTICA»	89
TENTAÇÕES	95
A IMAGINAÇÃO	101
EXAME DE CONSCIÊNCIA	107
NA PRESENÇA DO PAI	111
O PÃO DA VIDA	115
ESTOU CONVOSCO TODOS OS DIAS	119
A MORTE E A VIDA	123
A CORREÇÃO FRATERNA	129
O PERIGO DAS COISAS BOAS	137
O JOIO E O TRIGO	143
NA LUZ DE BELÉM	151

AO LEITOR[1]

Quereria ter escrito estas linhas há mais tempo. Mas naquela altura a Editora tinha pressa, e mal tive tempo de ordenar os comentários ascéticos que havia publicado em Studi Cattolici. E saíram assim, órfãos de uma carta de apresentação que contasse a sua gênese.

Lembro-me bem de que, quando daquela revista pediram a minha colaboração, nem por um instante pensei em escrever um livro. Compus as meditações sem um plano premeditado. E não foi difícil, porque o que escrevi, tomei-o de empréstimo. Muitas vezes, a todos os que lhe pedíamos conselho para a vida interior, Mons. Josemaria Escrivá, Fundador do Opus Dei, explicava que, no exercício do seu ministério, não tinha senão uma só panela de comida, uma mesma doutrina com validade universal: a de procurar a santidade nas ocupações habituais. Nessa panela, todos tínhamos licença de introduzir a nossa colher e tirar o alimento apropriado para a nossa situação concreta. E assim o fiz repetidas vezes, e depois

---

1 Apresentação que o autor, piedosamente falecido em Roma em 24 de maio de 1975, escreveu para a segunda edição italiana de *Ascetica Meditata*, versão original do livro.

a pena encarregou-se de passar para o papel as meditações que formam este volume.

Ao escrever estas páginas, meu propósito era apenas comentar alguns dos ensinamentos de Mons. Escrivá. Mas o espírito foi mais longe que o instrumento. Tinham sido tantas as vezes que me servira daquela panela, que o comentário veio a tornar-se com frequência uma continuação da frase, uma nova citação e até uma transcrição literal de modos de dizer do Fundador do Opus Dei. Far-me-ei entender bem se afirmar que me aconteceu o mesmo que às crianças: uma vez dentro da loja de brinquedos, já não sabem escolher e levariam tudo, se delas dependesse.

Conheci o Fundador do Opus Dei em 1940. Não me é fácil explicar o que aquele encontro representou para mim. Depois, já em Roma, tive ocasião de conviver com ele assiduamente. O *vigor da sua expressão, o impulso de uma vida interior envolta numa naturalidade acima do normal, queimavam como fogo de Deus*. Quantas vezes meditei os seus ensinamentos! Quanto pedi ao Senhor que se tornassem vida da minha vida, para que aprendesse a santificar todas as minhas ocupações! É o que peço também agora para os leitores destas considerações.

Quando se ler Reflexões Espirituais, e o olhar se detiver numa frase que queima e sacode, não se deve duvidar: o agradecimento deve ir para Mons. Escrivá, porque é o principal autor desses pensamentos agora passados ao papel.

SALVADOR CANALS

JESUS, O AMIGO

«Fazei com que, na sua primeira juventude ou em plena adolescência, se sintam sacudidos por um ideal: que procurem Cristo, que encontrem Cristo, que tenham trato com Cristo, que sigam Cristo, que amem a Cristo, que permaneçam com Cristo.»

(Mons. Josemaria Escrivá, 24-X-1942)

Meu amigo, há neste punhado de terra que são as nossas pobres pessoas — que *somos* tu e eu — uma alma imortal que tende, por vezes sem o saber, para Deus, que sente, mesmo sem reparar nisso, uma nostalgia profunda de Deus e que deseja com todas as suas forças, mesmo quando o nega, o seu Deus.

Esta tendência para Deus, este desejo veemente, esta nostalgia profunda, quis o próprio Deus que pudéssemos concretizá-la na pessoa de Cristo, que passou pela terra como homem de carne e osso, como tu e como eu. Deus quis que este nosso amor fosse amor por um Deus feito homem, a quem conhecemos e compreendemos, porque é dos nossos; amor de Cristo Jesus, que vive eternamente com seu rosto amável, com seu coração que ama, com suas mãos e seus pés chagados e com seu lado aberto: *Jesus Cristo ontem, e hoje, e por todos os séculos.*

Jesus, que é Deus perfeito e homem perfeito, que é o caminho, a verdade e a vida, que é a luz do mundo e o pão da vida, pode ser nosso amigo se tu e eu assim o quisermos. Escuta Santo Agostinho, que te recorda com a sua inteligência clara, com a experiência profunda do seu grande coração: *Amicus Dei essem si voluero,* serei amigo de Deus se assim o quiser.

Mas, para atingirmos esta amizade, é preciso que tu e eu nos aproximemos dEle, que o conheçamos e o amemos. A amizade de Jesus é uma amizade que leva longe: acharemos a felicidade e a tranquilidade, saberemos sempre, com critério seguro, como comportar-nos; encaminhar-nos-emos para a casa do Pai e seremos, cada um de nós, *alter Christus,* outro Cristo. Foi por isso que Jesus Cristo se fez homem: *Deus fit homo ut homo fieret Deus,* Deus se fez homem para que o homem se fizesse Deus.

Mas, na verdade, há tantos homens que se esquecem de Cristo, ou não o conhecem nem querem conhecê-lo, ou não rezam e não pedem *in nomine Iesu,* em nome de Jesus, não pronunciam o único nome que os pode salvar, e olham para Jesus Cristo como uma personagem histórica ou uma glória passada, e esquecem que Ele veio e vive para que todos os homens *tenham vida e a tenham em abundância!*

E, repara, todos estes homens são homens que quiseram reduzir a religião de Cristo a um conjunto de leis, a uma série de proibições e de pesadas responsabilidades. Almas atacadas de uma singular miopia, que as faz ver na religião apenas aquilo que custa esforço, aquilo que pesa, aquilo que abate; inteligências minúsculas e unilaterais, que querem considerar o cristianismo com mentalidade de máquina de calcular; corações desiludidos e mesquinhos que não querem saber das grandes riquezas do coração de Cristo; falsos cristãos que pretendem roubar à vida cristã o sorriso de Cristo. A estes, a todos estes homens, quereria dizer-lhes: *Venite et videte,* vinde e vede. *Gustate et videte quoniam suavis est Dominus,* provai e vede como o Senhor é suave.

A notícia que os Anjos anunciaram aos pastores na noite de Natal foi uma mensagem de alegria: *Eis que vos anuncio uma grande alegria, uma alegria grande para todo o mundo: nasceu-vos hoje, na cidade de Davi, o Salvador, que é Cristo Nosso Senhor.* O Messias esperado pelos povos, o Redentor anunciado pelos Profetas, o Cristo, o Ungido de Deus, nasceu na cidade de Davi. Ele é a nossa paz *ipse est pax nostra* e a nossa alegria: é por isso que invocamos a Virgem Maria, Mãe de Cristo, como *Causa nostrae laetitiae,* causa da nossa alegria.

Jesus Cristo é Deus, perfeito Deus. Vamos render-lhe, tu e eu, a nossa adoração com aquelas palavras que o Pai põe nos lábios de Pedro: *Tu és Cristo, o Filho de Deus vivo.* E rendamos-lhe também a nossa adoração repetindo a confissão de Marta, ou a do cego de nascença, ou a do centurião.

Jesus Cristo é homem, perfeito homem. Saboreia este título, que era tão caro a Jesus Cristo: *Filius Hominis,* filho do Homem. Era assim que se chamava a si próprio. Escuta Pilatos: *Ecce homo,* eis o Homem, e dirige teu olhar para Cristo. Meu amigo, como o sentimos perto de nós! Cristo é o novo Adão, mas nós sentimo-lo ainda mais perto. O dono da imunidade à dor fez que Adão não pudesse sofrer: mas Tu, Senhor, sofreste e morreste por nós. Jesus, tu és verdadeiramente perfeito homem:

o homem perfeito. Quando nos esforçamos por imaginar o tipo perfeito de homem, o homem ideal, involuntariamente pensamos em Ti. E ao mesmo tempo, Jesus bom, Tu és *Emmanuel*, Deus conosco. E tudo isto, meu amigo, para sempre: *A natureza que Ele assumiu uma vez, nunca mais a deixou*.

Procura ter fome e sede de conhecer a santíssima Humanidade de Cristo, procura viver muito perto dEle. Jesus Cristo é homem, é um verdadeiro homem como nós, com alma e corpo, inteligência e vontade, como tu e eu. Recorda-o com frequência, e ser-te-á mais fácil aproximares-te dEle, na oração e na Eucaristia, e a tua vida de piedade encontrará nEle o seu verdadeiro centro, e o teu cristianismo será mais autêntico.

Intimidade com Jesus Cristo. Para que possas chegar a conhecer, amar, imitar e servir a Jesus Cristo, é preciso que te aproximes dEle com confiança: «Não se pode amar aquilo que não se conhece». E as pessoas se conhecem pelo convívio cordial, sincero, íntimo e frequente. Mas onde procurar o Senhor? Como aproximar-se dEle e conhecê-lo? No Evangelho, meditando-o, contemplando-o, amando-o, seguindo-o. Pela leitura espiritual, estudando e aprofundando a ciência de Deus. Na Santíssima Eucaristia, adorando-o, desejando-o, recebendo-o.

Meu amigo, o Evangelho deve ser o teu livro de meditação, a alma da tua contemplação, a luz da tua alma, o amigo da tua solidão, o teu companheiro de viagem. Que teus olhos se habituem a contemplar Jesus, perfeito homem, que chora a morte de Lázaro e chora sobre a cidade de Jerusalém; que se habituem a vê-lo passar fome e sede; a contemplá-lo sentado junto do poço de Jacó, *cansado da caminhada*, enquanto espera a Samaritana; a considerar a tristeza da sua alma no Horto das Oliveiras *minha alma está triste até à morte* — e a sua solidão sobre o madeiro da Cruz; e as suas noites passadas em oração, e a ira enérgica com que expulsa os vendilhões do templo, e a sua autoridade ao ensinar *como quem possui autoridade*. Enche-te de confiança quando o vires compadecido da multidão multiplicar os pães e os peixes, e oferecer à viúva de Naim o filho ressuscitado para uma vida nova, e restituir Lázaro ressuscitado ao afeto de suas irmãs...

Aproxima-te de Jesus Cristo; aproxima-te de Jesus Cristo no silêncio e na operosidade da sua vida escondida, nas penas e nas fadigas da sua vida pública, na sua Paixão e Morte, na sua Ressurreição gloriosa. Todos encontramos nEle — causa exemplar — o modelo, o tipo de santidade que convém a cada um de nós. Na intimidade da nossa confidência com Ele, escutaremos as suas palavras: *Dei-vos o exemplo: fazei como eu fiz.*

Antes de terminares, pousa confiadamente o teu olhar na Santíssima Virgem. Ela soube, como nenhuma outra pessoa, trazer em seu coração a vida de Cristo e meditá-la dentro de si: *Maria conservava todas estas coisas, meditando-as em seu coração.* Recorre a Ela, que é Mãe de Cristo e tua Mãe. Porque a Jesus sempre se vai através de Maria.

A NOSSA VOCAÇÃO CRISTÃ

«Como era evidente, para os que sabiam ler o Evangelho, essa chamada geral à santidade na vida cotidiana, na profissão, sem abandonar o próprio ambiente! No entanto, durante séculos, a maioria dos cristãos não a entendeu: não se pôde dar o fenômeno ascético de que muitos procurassem assim a santidade, sem sair do lugar, santificando a profissão e santificando-se na profissão. E muito em breve, à força de não a viver, a doutrina foi esquecida; e a reflexão teológica foi absorvida pelo estudo de outros fenômenos ascéticos, que refletem outros aspectos do Evangelho.»

(Mons. Josemaria Escrivá, 9-I-1932)

Falava eu um dia com um jovem rapaz, tal como o faço contigo neste momento. Procurava convencê-lo da necessidade de viver cristãmente a sua vida, de frequentar os sacramentos, de ser alma de oração, de dar a todas as suas ações e a toda a sua vida uma orientação sobrenatural.

Jesus dizia-lhe — precisa de almas que, com grande naturalidade e com uma grande doação de si mesmas, vivam no mundo uma vida integralmente cristã.

Mas dos seus olhos transpirava a resistência de sua alma; e suas palavras tratavam de justificar tudo o que a sua vontade se recusava a admitir. Passados alguns minutos, admitiu com sinceridade o que até então provavelmente nunca havia confessado nem mesmo a si próprio.

Não posso viver como diz, porque sou muito ambicioso.

Lembro-me de que lhe respondi:

«Escuta: tens diante de ti um homem muito mais ambicioso do que tu, um homem que quer ser santo. Minha ambição é tão grande que não se contenta com nenhuma coisa da terra: ambiciono Jesus Cristo — que é Deus —, e o Paraíso — que é a sua glória e a sua felicidade —, e a vida eterna.»

Meu amigo, permita-me que continue contigo aquela conversa. Não te parece que neste ponto todos nós, cristãos, deveríamos ser santamente ambiciosos? A vocação do cristão é vocação de santidade. Todos os cristãos, pelo simples fato de o serem, têm a obrigação — ocupem o posto que ocuparem, façam o que fizerem, vivam onde viverem — de ser santos. Todos estamos igualmente obrigados a amar a Deus sobre todas as coisas: *Amarás o Senhor teu Deus com todo o teu coração, com toda a tua mente, com toda a tua alma e com todas as tuas forças.* Esta ideia, tão simples e clara, primeiro mandamento e compêndio de toda a Lei de Deus, perdeu força e, hoje em dia, não informa na prática a vida de muitos discípulos de Cristo.

Senhor, como se amesquinhou o ideal cristão na mente dos teus! Pensaram e pensam, Jesus, que o ideal de santidade é excessivamente elevado para eles, e que nem todos os corações cristãos podem albergar essa aspiração. Que ela permaneça — senti que o diziam, em todos os tons — para os sacerdotes e para as almas que foram conduzidas à vida do claustro por uma vocação especial.

Nós, homens do mundo, devemos contentar-nos com uma vida cristã sem excessivas pretensões e renunciar humildemente aos voos da alma, embora corramos o risco de experimentar de vez em quando uma nostalgia estéril e pessimista. A santidade — é o que concluíram muitos e muitas, vencidos pelos preconceitos e pelas ideias falsas — não é para nós: seria presunção, jactância, falta de equilíbrio, desordem, fanatismo. E declararam-se vencidos antes de terem iniciado a batalha.

Quereria poder gritar ao ouvido de muitos cristãos: *Agnosce, christiane, dignitatem tuam*, toma consciência, ó cristão, da tua dignidade. Ouve-me, amigo: deixa que a tua inteligência se abra serenamente, livre de preconceitos. A vocação cristã é vocação de santidade. Os cristãos todos, sem distinção, são, segundo a palavra de São Pedro, *raça santa, estirpe de eleição, sacerdócio real, povo de conquista*. Os primeiros cristãos, conscientes da sua dignidade, chamavam-se entre si com o nome de santos.

Quando perderás, meu amigo, este medo à santidade? Quando te convencerás de que o Senhor te quer Santo? Qualquer que seja a tua condição, a tua idade, as tuas forças e a tua posição social, se és cristão, o Senhor te quer santo. *Sede perfeitos como é perfeito o vosso Pai dos céus*. Jesus dirigiu estas palavras a todos, e a todos propôs a mesma meta. São diversos os caminhos, porque diversas e numerosas são as mansões na casa do Pai, mas a meta, o fim, é idêntico e comum a todos: a santidade.

Como nos alvores da cristandade, também hoje, depois de dois mil anos de cristianismo, nós, os cristãos, devemos formar um só coração e uma só alma nesta aspiração à santidade e nesta convicção profunda: *A multidão dos que acreditavam formava um só coração e uma só alma*. É a mesma convicção, firme e luminosa, que animava as palavras de São Paulo, dirigidas a todos os fiéis: *Esta é a vontade de Deus, a vossa santificação*.

Quantos títulos para se reclamar e exigir de ti esta santidade! O Batismo, que nos fez filhos de Deus e herdeiros da sua glória; a Crisma, que nos confirmou como soldados de Cristo; a Santíssima Eucaristia, em que se dá a cada um de nós o próprio Senhor; o sacramento da Penitência e o do Matrimônio, se o recebemos. São chamadas, chamadas à santidade. Escuta-as.

Eliminados os preconceitos, inundada a mente de novas luzes, é fácil agora formular um propósito: fazermos do problema da santidade um problema muito pessoal, muito concreto e muito *nosso*. Deus Nosso Senhor, estamos íntima e profundamente convencidos disso, nos quer santos porque somos cristãos.

Levantemos para Deus o olhar, o coração, a vontade. *Saboreai as coisas que são do alto, procurai as coisas que são do alto:* a dignidade cristã nos abre agora horizontes rasgados e serenos. Respiramos profundamente os ares que sopram dessas lonjuras abertas, e são ares que renovam a nossa juventude, como se renova — está dito na Escritura — a juventude da águia: *tua juventude renovar-se-á como as águias*.

Agora compreendemos finalmente como são ocas as nossas ideias mesquinhas, e as detestamos. E deploramos o tempo perdido e os nossos vãos temores. Já não temos qualquer medo da santidade e reconhecemos finalmente que frequentes vezes os nossos corações, como escreve o Salmista, *amedrontaram-se quando não havia razão para temer*.

Confiemo-nos à proteção da Virgem Maria, que é *Regina sanctorum omnium*, Rainha de todos os santos, e *Sedes Sapientiae*, Sede da Sabedoria, para que a ideia da santidade seja em nossas vidas cada dia mais clara, mais forte e mais concreta.

UM IDEAL PARA A VIDA

«... essa vida corrente, ordinária, sem brilho, pode ser meio de santidade: não é necessário abandonar o estado que se tem no mundo para procurar a Deus, se o Senhor não dá a uma alma a vocação religiosa, já que todos os caminhos da terra podem ser ocasião de um encontro com Cristo.»

(Mons. Josemaria Escrivá, 24-III-1930)

Se me permitires, meu amigo, vou continuar a refletir contigo sobre o mesmo argumento. Acho que chegou a hora de darmos humildemente graças a Deus: *O laço se desfez e nós fomos finalmente libertados,* segundo as palavras do Salmista. O laço dos preconceitos, das ideias falsas, foi desfeito e agora estamos convencidos de que a ideia da santidade deve abrir caminho em nossa mente e em todas as mentes cristãs.

Começamos o caminho: a pérola preciosa brilhou diante dos nossos olhos, as riquezas do tesouro escondido alegraram o nosso coração. E no entanto conheci almas, meu irmão, muitas almas que, tendo chegado a este ponto, por um motivo ou por outro — não faltam *razões* nem desculpas —, não souberam ir mais longe. Uma experiência dolorosa, não é verdade? Mas fecunda. Almas que tinham compreendido, mas fecharam os olhos ou adormeceram; almas que tinham começado e não continuaram, que teriam podido fazer muito e não fizeram nada.

Como vês, é necessário passar da ideia à convicção, e da convicção à decisão. Devemos convencer-nos profundamente de que a santidade é para nós, de que a santidade é aquilo que o Senhor nos pede antes de qualquer outra coisa: *uma só coisa é necessária*. Que nunca te falte uma fé firmíssima nestas palavras divinas: a única derrota concebível numa vida *cristã* — na tua vida — é que nos atrasemos no caminho que conduz à santidade, que desistamos de apontar para a meta. Meu irmão, a vida e o mundo não teriam qualquer sentido se não fosse por Deus e pelas almas. Não valeria a pena viver esta nossa vida se não estivesse iluminada em todo o momento por uma procura viva e amorosa de Deus.

Escuta: *De que serve ao homem ganhar o mundo inteiro, se vier a perder a sua alma?* Para que pensar em tantas coisas, se depois esquecemos a única que conta? Que importa resolver tantos problemas pessoais e dos outros, se depois deixamos por resolver o problema mais importante? Que sentido têm os nossos êxitos, os nossos triunfos, as nossas *subidas* na vida, na sociedade, na profissão, se depois naufragamos na rota para a santidade, para a vida eterna? Que lucros e que negócios são os teus, se não consegues alcançar o Paraíso e deitas a perder o negócio da tua santidade? Que pretendes com o teu estudo e com a tua ciência, se depois ignoras o significado da vida e desconheces a ciência de Deus? Em que consistem teus prazeres se te privas para sempre do prazer de Deus? Se não procuramos verdadeiramente, ardentemente, a santidade, não possuímos nada; se procuramos a santidade, possuímos tudo: *Buscai primeiro o reino de Deus e a sua justiça e tudo o mais vos será dado por acréscimo.*

Medita, meu amigo, nestas considerações e faz por tua conta muitas outras: considerações concretas e atuais para a tua vida de agora, para a tua condição presente e para os perigos que ameaçam a tua alma; considerações que reforcem a convicção profunda que deves ter em relação à santidade: é o único caminho de felicidade temporal e eterna.

Dominus meus et Deus meus! Meu Senhor e meu Deus! Deveríamos pôr toda a decisão e toda a firmeza destas palavras do Apóstolo Tomé no nosso empenho em procurar a santidade acima de qualquer outra coisa. Firmemente decidido a ser santo, decidido a avançar a todo o custo: essa deve ser a tua disposição. Que exemplo luminoso o de Teresa de Ávila! Avançar sempre pelo caminho, repelindo o cansaço, a desconfiança, a fraqueza, a morte... *aunque me canse, aunque no pueda, aunque reviente, aunque me muera.* E não te esqueças de que o que nos detém no nosso caminho não são as dificuldades e os obstáculos que realmente se apresentam; o que nos detém é a nossa falta de decisão: «Não é por serem coisas impossíveis que não nos atrevemos, mas por não nos atrevermos é que se tornam impossíveis». A falta de decisão é o único verdadeiro obstáculo: uma vez ultrapassado não existem outros, ou melhor, vencemo-los com grande facilidade. Que o nosso «sim» a Deus seja um «sim» decidido e, com a sua graça, sempre mais audaz, total, indiscutido.

Dizia Lacordaire que a eloquência é filha da paixão: dai-me um homem com uma grande paixão, acrescentava, e farei dele um orador. Dai-me um homem decidido — poderia dizer-te a ti —, um homem que sinta a paixão da santidade, e vos darei um santo.

Que ninguém nos vença no desejo de santidade. Aprendamos, com a graça de Deus, a ser homens de grandes desejos, a desejar a santidade com todas as forças da nossa convicção e com todas as fibras do nosso coração: *como um cervo deseja as frescas fontes das águas.*

Se tu, amigo que lês estas linhas, és jovem, pensa na tua juventude, nesta juventude que é a hora da generosidade: que uso fazes dela? Sabes ser generoso? Sabes fazê-la frutificar numa procura eficaz e fecunda da santidade? Sabes inflamar-te com estas ideias grandes... e convencer-te... e decidir-te?

Mas se porventura já saíste da juventude e entraste pela vida adentro, não te preocupes, porque é a hora de Deus para ti: todas as horas são boas para Ele, a todas as horas Ele nos convida na hora da terça, da sexta ou da nona a convencer-nos, a decidir-nos e a desejar a santidade, como o próprio Jesus nos ensinou com a parábola dos operários da vinha. Todas as idades são boas, e, repito, seja qual for a tua condição, a tua situação atual e o teu ambiente, deves convencer-te, decidir-te e desejar a santidade.

Sabes perfeitamente que a santidade não consiste em graças extraordinárias de oração, nem em mortificações e penitências insustentáveis; menos ainda é a herança exclusiva das solidões longínquas do mundo. A santidade consiste no cumprimento amoroso e fiel dos deveres pessoais, na aceitação gozosa e humilde da vontade de Deus, na união com Ele no trabalho de cada dia, em saber fundir a religião e a vida em harmoniosa e fecunda unidade, e em tantas outras coisas pequenas e habituais que tu conheces.

O caminho é simples e claro. Convence-te, decide-te, deseja! Concretiza o teu esforço e a tua luta, persevera com amor e confiança. A Santíssima Virgem, Rainha de todos os Santos, te dará luzes e proteção, será para ti apoio e consolo na luta.

VIDA INTERIOR

«Precisamos de uma rica vida interior, sinal certo de amizade com Deus e condição imprescindível para qualquer trabalho de almas.»

(Mons. Josemaria Escrivá, 31-V-1943)

Na sua mente excelsa, São Tomás viu todos os bens da natureza desvanecerem-se em confronto com o menor bem sobrenatural e exprimiu em termos metafísicos esse conceito: «O bem de uma só graça é maior que o bem natural de todo o universo».

Um escritor contemporâneo, igualmente maravilhado com a grandeza deste sentimento, exprimiu o mesmo conceito de forma psicológica: Deus se ocupa mais de um coração em que pode reinar, do que do governo natural de todo o universo físico e do governo civil de todos os impérios do mundo.

Hoje quero falar-te deste Reino de Deus onde o Senhor encontra as suas delícias, que está dentro de nós, deste Reino de Deus tão admirável quanto desconhecido.

O coração dos homens é como um presépio onde Jesus nasce de novo; e em todos os corações que tenham querido recebê-lo, o próprio Jesus cresce de vários modos, em idade, sabedoria e graça. Jesus não é igual em todos; mas, de acordo com as possibilidades do coração em que nasce, da capacidade de quem o recebe, manifesta-se diversamente na vida dos homens, ou como uma criança, ou como um adolescente em pleno desenvolvimento, ou como um homem maduro.

Reinar, nascer e crescer no coração e na vida, esse é o desejo de Cristo, que assim quer fazer de cada cristão — de ti, de mim — *alter Christus*, um outro Cristo. E a esta chamada da graça, a este convite de Jesus, deveremos todos responder repetindo as palavras do Precursor: *E preciso que Ele cresça e que eu diminua.*

Esta transformação em Jesus Cristo, esta união com Deus, que é fruto da vida interior, abarca a vida inteira e nos faz experimentar e saborear a realidade consoladora e reconfortante da parábola da videira e dos ramos. *Eu sou a videira e vós os ramos; quem permanece em mim, e eu nele, esse dá muito fruto; porque sem mim não podeis fazer nada.*

Ramo unido à videira. Alma de profunda vida interior. Não tardarás a perceber que teus pensamentos começam a transformar-se sob o influxo da sabedoria própria da vida sobrenatural, que passas a pensar com as ideias de Deus e a encarar o mundo e a vida com os olhos de Deus. Com esta união de pensamento com Jesus Cristo, nunca terás uma inteligência pagã. Tornar-te-ás alma de visão sobrenatural e não merecerás a censura de Cristo: *Não fazem o mesmo os pagãos?*

A tua visão do mundo, profundamente sobrenatural, dará luz e calor à tua palavra. A linfa do espírito sobrenatural tornará fecunda a tua própria vida afetiva. Compreenderás as palavras de São Paulo: *Tende nos vossos corações os mesmos sentimentos de Jesus Cristo*. Os sentimentos de Jesus, cheios de pureza e de compreensão, de amor pelas almas e de compaixão por aqueles que se afastaram do seu caminho, são o patrimônio de quem se transformou em Cristo.

Depois desta união de pensamento e de sentimento com Jesus Cristo, depois desta renovação da vida intelectual e afetiva, a linfa da vida interior penetrará em toda a tua atividade exterior: tuas obras, flores e frutos da tua vida interior, estarão saturadas de Deus e revelarão a superabundância do teu amor por Ele; só agora serão verdadeiramente *opera plena coram Domino*, obras ricas na presença do Senhor.

A tua união com Jesus, meu irmão, é sobretudo interior. Teus pensamentos, teus desejos, teus afetos, são a parte mais delicada e mais íntima da tua vida e são também a parte mais generosa e preciosa do teu holocausto. E é exatamente todo este mundo interior — este feixe de espigas palpitantes de vida — que o Senhor pede às almas. Se lhe dás apenas as tuas obras exteriores, mas lhe negas ou discutes a parte mais íntima da tua vida — teus desejos, teus afetos, teus pensamentos —, jamais serás alma de vida interior.

Meu amigo, queres saber se és alma de vida interior? Formula em teu íntimo esta pergunta: onde é que vivo habitualmente com os meus pensamentos, com os meus afetos, com os meus desejos? Se teus pensamentos, teus afetos, teus desejos convergem para Jesus Cristo, essa é prova certa de que és alma de vida interior. Mas se te levam para longe de Deus, isso é sinal, igualmente certo, de que não és alma de vida interior.

Porque não deves esquecer que *onde estiver o teu tesouro, aí estará o teu coração.* O único tesouro das almas de vida interior é Jesus, aquele Jesus *quem vidi, quem amavi, in quem credidi, quem dilexi;* que vi, que amei, em quem acreditei, a quem quis.

Como vês, meu irmão, o grande campo de batalha das almas que aspiram a uma verdadeira e profunda vida interior é o coração. É no coração que se vencem e se perdem as batalhas de Deus. Por isso, a *guarda do coração* é uma norma fundamental da vida ascética. Quando as almas querem e não põem obstáculos às obras de Deus, Ele as conduz à verdadeira união: instaura dentro delas o seu reino, que é *reino de justiça, de amor e de paz.*

Se estas considerações abriram teus olhos para a realidade de um reino de Deus totalmente interior — *o reino de Deus está dentro de vós* —, é então necessário, meu amigo, que teus olhos se abram de frente para uma nova realidade: o *Reino dos Céus se conquista à força.* Deves lembrar-te de que o caminho para este reino interior é caminho de sacrifício, de purificação.

E para que te sintas ramo unido à videira, e para que desejes sê-lo cada vez mais, é preciso que escutes novamente a voz de Cristo: *Eu sou a verdadeira vide, e meu Pai o agricultor. O sarmento que não der fruto será cortado, e o que der fruto será podado, para que dê mais fruto.*

Para que dês mais fruto, para que a tua união com o Senhor se fortaleça, é necessária a poda, a purificação. Não tenhas medo do cutelo do podador: *Meu Pai é o agricultor.* Com a poda, o Senhor purificará a tua inteligência e a tua vontade, o teu coração e a tua memória. Não podes avançar um passo na vida de união com Deus, sem necessariamente dares um primeiro passo na via da purificação. Para isso, é preciso que colabores com o Senhor quando chegar o momento da poda: deixa-o agir! E quando vires caírem os ramos e as folhas, alegra-te, pensando nos novos e próximos frutos que essa poda promete. A abundância de frutos depende da tua vida interior, do teu grau de união com Deus: *Quem permanece em mim, e eu nele, esse dá muito fruto*. Que a tua atividade exterior, que a tua ação intensa, não te afastem de Deus. Escuta de novo o Senhor: *Permanecei em mim*.

Lembra-te de que a vida interior é a alma de todo o apostolado. Quanto maior for a tua união com Deus, tanto mais abundante será o fruto do teu apostolado. O *fruto*, bem entendido, não o *sucesso*, que é uma coisa completamente diferente. É mais eficaz um homem de vida interior, com uma palavra espontânea, do que uma pessoa pouco interior, com um discurso que esgote as possibilidades do intelecto.

Quero lembrar-te ainda que a sensibilidade do apóstolo para os problemas e necessidades do seu apostolado não depende do seu grau de imersão no trabalho externo, nem da sua habilidade, mas do seu grau de união com Deus.

Antes de concluirmos esta breve conversa com o Senhor, escutemos de novo as palavras de Jesus: *Permanecei em mim*.

GUARDA DO CORAÇÃO

«Temos de ensinar a todos os homens que ser cristão é algo muito grande, porque a alma do homem que tem fé é templo de Deus, onde habita a Santíssima Trindade; mas que é necessário, se se quer alcançar a perfeição cristã, combater com denodo os combates da vida interior, porque o Reino de Deus só se alcança à viva força.»

(Mons. Josemaria Escrivá, 2-II-1945)

Meu amigo, desejo que escutes dos lábios desse grande santo da Igreja que é Santo Agostinho a confissão da feliz experiência do seu grande coração e da sua mente lúcida: *Fecisti nos, Domine, ad te, et inquietum est cor nostrum, donec requiescat in Te,* fizeste-nos, Senhor, para Ti, e o nosso coração está inquieto enquanto não descansar em Ti.

Este santo, cuja vida sem dúvida conheces, percorreu com sede de verdade e de amor muitos caminhos da terra. E da sua alma grande e nobre, depois de tantas experiências dolorosas, deixou escapar o grito que te referi acima e que é uma verdadeira confissão. O seu coração inquieto e rico procurava felicidade e descanso, e, depois de muitas tentativas inúteis, encontrou tudo encontrando a Deus.

Esta inquietação, que todos trazemos dentro de nós, tem de ser pacificada, acalmada; este desejo ardente, que sentimos no íntimo, tem de ser satisfeito. Enquanto essa inquietação não for pacificada, e esse desejo ardente satisfeito, o coração do homem anela, sofre e procura. A história de cada homem é a história de um peregrino, de um viandante que procura a felicidade. Todos os homens, alguns conscientemente, outros (a maioria) inconscientemente, procuram a Deus.

Por isso, meu irmão, o mundo se divide em duas grandes partes: o das pessoas que amam a Deus com todo o coração, porque o encontraram, e o das almas que o procuram com todo o coração, mas ainda não o encontraram. Aos primeiros, o Senhor ordena: *Amarás o Senhor teu Deus com todo o teu coração*; e aos segundos promete: *Buscai e achareis*.

Pergunta-te, meu irmão, a qual das duas partes pertences, para saberes o que deves fazer. E não te esqueças de que, se vês ou sentes falta de alguma coisa, o que na realidade te falta é Deus Nosso Senhor, que ainda não se encontra presente na tua vida ou que não se encontra com a devida plenitude.

Quero recordar-te uma verdade muito simples, uma verdade que é a base de todas as considerações feitas até agora. O coração do homem, todos os corações, inclusive os corações das almas dedicadas a Deus, foram criados para a felicidade e não para o sacrifício, para a posse e não para a renúncia. E esta exigência de felicidade e de posse é já uma realidade preciosa aqui mesmo na terra: uma realidade preciosa e bela que, para se manifestar, não espera que entremos no Paraíso.

Se o coração humano foi criado para a felicidade que deve começar aqui mesmo, na terra, e a felicidade somente se encontra em Deus, deves admitir que o caminho que a ela conduz não pode ser senão o da *guarda do coração*.

A ciência da guarda do coração é feita de ordem e de luta, de defesa e de ataque, de renúncia e de sofrimento; mas tudo está ordenado para a felicidade e a posse.

Guardar o coração quer dizer conservá-lo para Deus, viver de modo que o nosso coração seja o seu reino, que nele existam todos os amores que se devem encontrar em consequência do nosso estado e da nossa condição, mas que todos estejam harmonicamente fundidos no amor de Deus e para ele ordenados.

Guardar o coração significa também amar com pureza e paixão aqueles a quem devemos amar, e excluir ao mesmo tempo os ciúmes, as invejas e as inquietações, que são causas certas de desordem no amor. A guarda do coração significa sempre ordem no amor. A ciência da guarda do coração ensina o cristão a penetrar na profundidade da alma para descobrir os seus movimentos e tendências.

Como são poucas as pessoas que têm a coragem de olhar com olhos sinceros para essa fecunda e escondida fonte de vida humana que é o coração! Quanta malícia e quanta grandeza vibram escondidas no coração humano! Se experimentarmos enfrentar o nosso coração, meu amigo, não tardaremos a descobrir que Deus, a natureza e o demônio são os três eternos protagonistas do combate espiritual que diariamente se trava nele. E comprovaremos perfeitamente como as batalhas de Deus se vencem e se perdem no coração.

Compreenderemos então, em toda a sua profundidade, a censura dirigida por Cristo aos fariseus: *Este povo honra-me com os lábios, mas tem o coração longe de mim.* O Senhor, que ama os puros de coração e que quer instaurar o seu reino nos corações, não pode aceitar semelhante serviço hipócrita.

Uma alma habituada à vigilância do coração cai na conta de que a maior parte de suas ações são exclusivamente naturais ou um misto de natureza e de graça: pode comprovar, com pena e dor, que raramente realiza ações derivadas por completo da graça e perfeitamente sobrenaturais. O caráter sobrenatural de uma ação é continuamente ameaçado de todos os lados: no começo, no meio e no fim.

É por isso que estas almas fazem da guarda do coração uma vigilância contínua da sua própria intimidade, uma *presença* em todas as suas ações no momento exato em que as realizam. Imaginando a oração como um campo de batalha, podemos dizer que esta ciência nos ensina a viver permanentemente como sentinelas nas linhas avançadas.

É verdade que o caminho não é fácil, mas quando o coração atinge a purificação completa, Deus Nosso Senhor, com a sua presença e o seu amor, ocupa a alma e todas as suas potências: memória, inteligência, vontade. É deste modo que a pureza do coração conduz à união com Deus, união a que normalmente não conduzem os outros caminhos.

Uma vez alcançada a pureza do coração, a alma pode facilmente praticar todas as virtudes que as circunstâncias da vida lhe exigirem; e relativamente às outras virtudes que não tiver ocasião de praticar, possuirá igualmente a sua alma, o seu espírito e, por assim dizer, a sua essência; e é o que Deus Nosso Senhor deseja.

Na escola do coração podemos aprender, num instante, mais coisas do que nos poderiam ensinar num século os mestres da terra. Sem a guarda do coração, por mais que nos esforcemos, nunca chegaremos à santidade; mas com ela, e sem outras ações externas, muitas almas se santificaram. E, por outro lado, meu amigo, é este o caminho que conduz à felicidade, ao descanso sereno e completo do coração em Deus.

O CAMINHO REAL

«Se tivermos em nossas almas os mesmos sentimentos de Cristo na Cruz, conseguiremos que a nossa vida inteira seja uma reparação incessante, uma assídua petição e um permanente sacrifício por toda a humanidade, porque o Senhor vos dará um instinto sobrenatural para purificar todas as ações, elevá-las à ordem da graça e convertê-las em instrumento de apostolado.»

(Mons. Josemaria Escrivá, 2-II-1945)

Com justa preocupação, um autor espiritual interroga-se se é oportuno, nos nossos dias, insistir *exclusivamente* no aperfeiçoamento humano que o cristianismo, vivido com profundidade e dedicação, traz necessariamente consigo. Fazendo-me eco deste grito de alarme, quero-te dizer, meu amigo, que talvez a característica mais importante do mundo de hoje seja a sua falta de *sentido teológico*.

Agora que te encontras em meditação a sós com Deus, sob o seu olhar, pensa novamente na tua experiência pessoal, na tua vida de relação com os outros, nas reações dos outros e nas tuas às suas atitudes — e às tuas — em face dos valores espirituais e das inevitáveis provações de vida, e em face de tantos acontecimentos que interessam à Igreja e em que se jogam problemas que põem em sério perigo o bem das almas. Não te parece que muitos cristãos e porventura tu mesmo não contemplam a grandeza de Deus e da sua Igreja? Não te parece que em muitas inteligências cristãs se vai extinguindo o sentido teológico? Não é verdade que, no modo de agir e de falar de tantos cristãos, chega-se a menosprezar o «sentido da Cruz», que está sempre tão intimamente unido ao sentido teológico?

Tu e eu sabemos muito bem que, para ver a Deus, é preciso morrer: *A Deus ninguém viu*. Alguma coisa de parecido se passa na nossa vida interior. Para vermos Cristo e para o conhecermos na obscuridade luminosa da fé, para vivermos com Ele numa intimidade sempre crescente, é preciso que aprendamos a morrer para nós mesmos. Temos necessidade de sentido teológico, temos necessidade do sentido da Cruz: *ubi crux ibi Christus*, onde está a Cruz, aí está Cristo.

O próprio Jesus que nos disse, revelando-nos um segredo: *O reino de Deus está dentro de vós*, acrescenta, mostrando-nos um caminho: *O reino dos céus se conquista à força*. Se nos falta sentido teológico, se não temos o sentido da Cruz, a nossa vida corre o risco de ser apenas humana: cessamos de viver como cristãos, para viver como pagãos, na melhor das hipóteses como bons pagãos.

A Cruz é a nossa única esperança. Tens de exaltar a Cruz, a Cruz de Cristo: na tua inteligência, para que compreenda o seu valor e necessidade, e para que não seja pagã em seus juízos e raciocínios; na tua vontade, para que a ames e aceites, não com resignação, mas com amor; nas tuas obras, para que cheguem a ter um pouco da eficácia redentora da Cruz.

A santidade se consuma na Cruz, porque a Cruz é a morte do pecado, e o pecado é o único inimigo da santidade. Escutemos a voz do Mestre: *Se alguém quiser vir após mim, negue-se a si mesmo, tome todos os dias a sua cruz e siga-me.* Para um cristão, não existe outro caminho: o seu caminho é o caminho real da santa Cruz.

Esta cruz, a cruz de Cristo, a santa Cruz, deve ser procurada para caminharmos abraçados a ela todos os dias: *quotidie*. No dia em que não sentirmos sobre os ombros o peso da Cruz e não soubermos, com a nossa inteligência, reconhecer o seu valor, nesse dia deixaremos de viver como discípulos de Cristo. Deves olhar a Cruz com fé e levá-la com amor.

Sem te sentires nunca, nem por um instante, *vítima*. A Cruz não faz vítimas... faz santos! Não provoca caras tristes, mas rostos alegres. Quem vive assim compreende que a vítima é uma só: Jesus Cristo, que sofreu e morreu por todos, que sofreu e morreu no abandono.

Nós, cristãos, tu e eu, somos felizes carregando a Cruz, porque descobrimos a verdadeira, a única felicidade, que é participação na felicidade de Deus. Mas se queremos carregar todos os dias, *quotidie*, a cruz que nos faz discípulos do Senhor, precisamos descobri-la. E será este o nosso primeiro propósito: abrir bem os olhos da alma, os olhos da fé, para descobrirmos a Cruz de Cristo em nossa vida.

Em que consistirá para ti a Cruz de Cristo? Escuta: o que é que te custa mais esforço no teu dia a dia? É essa a cruz do Redentor para ti. Essas tentações poderosas que te assaltam, a tua saúde periclitante, o teu trabalho duro, extenuante, os defeitos do caráter que te humilham, os defeitos das pessoas que vivem à tua volta e que te fazem sofrer... Adquire visão sobrenatural! Essa é a Cruz de Cristo para ti. Propõe-te firmemente reconhecê-la e abraçá-la, quando surgir no teu caminho de cada dia. Pede ao Senhor que te faça descobrir o mistério da Cruz, e caminharás a passos de gigante pelas vias da santidade.

E agora que conheces a Cruz de Cristo, agora que conheces o seu valor e necessidade, como te será fácil carregá-la! Carrega-a com alegria, com amor. Carrega-a generosamente, e aprende a escondê-la dos olhos dos que vivem à tua volta, como se esconde um tesouro. Esconde-a por trás de um sorriso generoso, e descobrirás o sentido dentro, na tua alma profunda, das palavras do Senhor: *Meu jugo é suave, e meu fardo ligeiro.* Ele, o bom Cirineu das almas, te ajudará a levá-la.

E não te limites a levar a tua Cruz: leva generosamente também a Cruz dos teus irmãos. Mas, sobretudo, ensina-lhes o valor da Cruz. Pede ao Senhor por eles, para que saibam descobrir e amar a Cruz em tudo o que os preocupa ou angustia, naquilo que os faz sofrer.

A Cruz, só a Santa Cruz, dará fecundidade e eficácia à tua vida de apóstolo. *Quando for levantado sobre a terra, atrairei tudo a mim.* Quando souberes permanecer na Cruz com amor, como Jesus Cristo, então atrairás a ti ao Senhor todas as almas que tenhas à tua volta; então serás verdadeiramente *corredentor* com Cristo.

E não te esqueças de que Maria Santíssima, a Rainha dos mártires, é também a Rainha da paz. Aproxima-te dela com confiança. Para lhe fazeres companhia, ao pé da Cruz.

A ESPERANÇA CRISTÃ

«... não estamos sós, porque Deus existe, e me chamou à existência, e me mantém nela, e me dá fortaleza. Além disso, escolheu-me com predileção e, se eu tiver confiança, me concederá a constância e a firmeza no meu caminho, porque, quando Ele começa uma obra, acaba-a: Ele faz sempre as coisas perfeitas.»

(Mons. Josemaria Escrivá, 29-IX-1957)

Dentre as virtudes que deixam um sulco mais profundo no espírito humano, que influem mais notoriamente sobre a vida e a atuação dos homens, destaca-se a virtude cristã, teologal, da esperança. Na verdade, um mesmo homem, conforme viva sob o impulso da esperança ou permaneça inerte sob o peso do desespero, aparece-nos e é, verdadeiramente, como um gigante ou um pigmeu.

Na nossa convivência e nos nossos encontros humanos, todos os dias presenciamos — não sem surpresa e mágoa —

estas transformações surpreendentes: o nosso século padece, porventura mais do que nenhum outro, da falta desta virtude. Quantas filosofias, quantas atitudes, quantos estados de ânimo dos homens do nosso tempo não mergulham as suas raízes em almas sem esperança, divididas entre a angústia e o temor, uma angústia que nada pode dissipar, um temor que nada pode afastar!

Meu amigo, a verdade é que o homem não pode viver sem esperança. A esperança é o chamado do Criador, princípio e fim da nossa vida, a que nenhuma criatura humana pode fugir; é a voz do Redentor, *que quer que todos os homens se salvem*. Ninguém pode recusar-se a escutá-la sem perder a paz da alma; é a profunda nostalgia de Deus, que Ele próprio introduziu em nós — dom maravilhoso — depois de ter realizado, em relação a cada homem, aquelas inefáveis «obras de suas mãos» que, na linguagem dos teólogos, se chamam criação, elevação e redenção.

Através dos séculos cristãos, poucos como Santo Agostinho souberam exprimir, com aquele tom persuasivo de conhecimento adquirido, com aqueles acentos comovidos de experiência sofrida, esta nostalgia profunda do coração humano. Escritor de intuições elevadas e de profundos estados de alma, soube definir num grito do seu espírito magnânimo toda a condição do homem, viandante nesta terra: *Fecisti nos, Domine, ad Te, et inquietum est cor nostrum donec requiescat in Te*, fizeste-nos, Senhor, para Ti, e o nosso coração estará inquieto enquanto não descansar em Ti.

Detenhamo-nos por um instante nesta frase, para procurar esclarecer melhor o nosso trabalho e saber a razão das nossas ânsias. Não é possível eliminar, erradicar a nostalgia que cada um traz dentro de si: enraizada na nossa própria pessoa humana, que está destinada a ver Deus um dia e a gozar para sempre dEle, esta nostalgia será sempre o nosso companheiro de viagem, o amigo das horas alegres e tristes da nossa jornada terrena. Mas pode — e deve — ser aliviada, e para isso está a virtude da esperança. Na segunda parte da frase de Santo Agostinho, deixa-se realmente uma porta aberta: «... enquanto não descansar em Ti». Se esta porta estivesse fechada, a inquietação e a nostalgia se converteriam em desespero e angústia.

Meu amigo, enquanto estivermos a caminho, enquanto permanecermos como viandantes nesta terra, traremos dentro de nós a nostalgia de Deus e uma inquietação obscura, gerada pela incerteza acerca da obtenção do nosso fim último (com efeito, salvo uma revelação privada de Deus, ninguém pode estar certo da sua própria salvação eterna): nostalgia e inquietação que podem e devem, agora que estamos convencidos disso, ser mitigadas pela esperança cristã. Nós, cristãos deste mundo, apoiamo-nos na esperança, e quando a esperança findar tal como a fé — no fim da nossa vida terrena —, teremos a alegria da posse sem sombras e o reino da caridade sem mais temores. No fim da nossa vida humana espera-nos ou a alegria da posse ou o desespero de nos vermos privados de Deus para sempre.

A esperança, virtude teologal, faz-nos tender continuamente para Deus, pela confiança no socorro que Ele nos prometeu: *Tende confiança, Eu venci* o *mundo*. O motivo formal, como diriam os teólogos desta virtude, é o próprio Deus, sempre disposto a ajudar: *Deus auxilians*, a onipotência auxiliadora. E, apesar disso, acontece tantas vezes que nós, os cristãos — se esta é uma das muitas contradições da nossa vida —, substituímos, na nossa alma e no nosso coração, a grande e bela Esperança que é a de Deus e do nosso último fim por outras mais pequenas, embora sugestivas, esperanças humanas.

Não é que os cristãos não devam ter esperanças humanas, antes pelo contrário: existem esperanças belas e nobres que devem estar presentes em nosso coração mais que em nenhum outro. Mas também aqui — no «território» da esperança — é preciso que na nossa alma e no nosso coração reinem a ordem, a hierarquia e a harmonia das esperanças, e que nenhuma esperança humana, por mais nobre e bela que seja, possa obscurecer a luz e diminuir a força da esperança em Deus, nosso fim último, que será possuído e desfrutado para sempre na vida eterna.

É por isso que, não raras vezes em nossa vida, Deus, mediante o jogo da sua Providência, faz desabar compassivamente algumas esperanças humanas que o nosso padrão de valores pessoal talvez tivesse exorbitado, a fim de impedir que possam ocupar no nosso coração o lugar que só a grande esperança de Deus deve ocupar.

É preciso então que saibamos secundar o jogo da Providência e que aprendamos a restabelecer a verdadeira ordem de valores na escala da esperança. Deus nos ajudará eficazmente a acalmar todas as esperanças humanas que, em obséquio à ordem estabelecida por Ele, não tenhamos hesitado em colocar no seu justo lugar. Mas se, pelo contrário, ao abalarem-se por disposição divina as esperanças humanas, ripostarmos persistindo em afastar de nós a grande esperança de Deus, cavaremos com as nossas mãos um fosso de rebelião e desespero.

Meu amigo, não preciso dizer-te quantas crises deste gênero conheci: tu mesmo terás tido experiência de muitas. Crises de que não raro só tomamos conhecimento pela aparência humana exterior, e a que damos o nome de complexo ou de nervos, quando a verdadeira realidade é outra e o diagnóstico é de natureza mais espiritual, de conteúdo mais profundo.

De uma coisa podes estar certo: enquanto não possuirmos e vivermos a verdadeira virtude cristã da esperança, a nossa vida estará desprovida de *firmeza*, e permaneceremos na *instabilidade*. Passaremos com extrema facilidade da presunção, quando tudo correr bem e a nossa vida não experimentar sobressaltos nem desilusões, para o desencorajamento, que despertará e se aninhará no nosso ânimo ao menor contratempo que altere as nossas previsões, ferindo a nossa suscetibilidade, invalidando os nossos programas ou desiludindo as nossas expectativas.

A virtude da esperança, profundamente vivida, coloca-se acima de tais flutuações, convertendo-se em firmeza invencível e abandono confiante, numa permanente fidelidade ao dever. Lembras-te das palavras de Cristo às águas agitadas e ameaçadoras do mar da Galileia? *Cala-te!* Parecem encarnar a voz da esperança que, com a sua força, impõe silêncio ao tumulto interior do desalento. *E sobreveio*, prossegue a passagem evangélica, *uma grande bonança*. Esse é o fruto da esperança: a calma, a serenidade, a paz.

Como ensinam os teólogos, a esperança oferece uma certeza de tendência: «A esperança tende com segurança para o seu fim», afirma São Tomás. Não obstante os nossos insucessos, as nossas incoerências, as nossas culpas, devemos sempre esperar em Deus, que prometeu ajuda àqueles que o procuram com humildade e com perseverança: *Pedi e recebereis*, foi-nos dito. O quê? Os bens temporais, condicionalmente, na medida em que forem úteis à nossa salvação eterna; as graças necessárias, sem condições; e não apenas a graça, mas o Espírito Santo, *altíssimo dom de Deus*. E aqui retornam espontaneamente ao nosso espírito as palavras de Jesus à Samaritana: *Si scires donum Dei* ..., se verdadeiramente conhecêssemos e compreendêssemos na sua plenitude o dom de Deus, invocaríamos com mais frequência o Espírito Santo e procuraríamos não nos desviarmos do caminho reto e alcançar sem quedas nem demoras o nosso fim último.

A batalha da esperança cristã deve ser travada todos os dias — O *Senhor me governa e nada me faltará* —, tendo-nos plenamente convencidos, porque isso faz parte da própria virtude teologal da esperança, de que esta não depende dos nossos méritos ou virtudes, mas da misericórdia e da onipotência de Deus. Com efeito, à luz da esperança, Deus nos aparece *não considerando os méritos, mas dando de graça*, como repetimos todos os dias numa das orações da Santa Missa com que nos preparamos para a Comunhão.

Apoiando-nos nas forças que obtemos desta virtude teologal, devemos aprender a combater os movimentos de desânimo que dificultam o nosso caminho cotidiano para a perfeição evangélica; devemos aprender a resistir, também diariamente, às alfinetadas do pessimismo que, com o decorrer do tempo e a monotonia da vida, tendem a aumentar. Estes estados de ânimo encerram qualquer coisa que evoca na nossa memória, com a sua força pacata e um pouco melancólica, duas figuras evangélicas: a mulher curvada e o homem da mão direita tolhida, duas figuras que, pelo seu abatimento, pela sua fraqueza e inatividade, são particularmente aptas para exprimir os efeitos produzidos no espírito humano por essas doenças morais chamadas pessimismo e desalento, que não são mais do que a ausência da virtude da esperança.

Com não menos ardor devemos, porém, impedir que o pessimismo e o desalento penetrem na nossa vida de apostolado, com o seu trágico peso de esterilidade. O apostolado cristão exige esforço continuado, perseverante tenacidade e fé inamovível nas graças do Senhor e na missão por Ele confiada a cada homem. Para que nenhum dos elos desta cadeia se quebre, é necessária a força que brota da esperança cristã, através da qual o homem bem temperado na luta do apostolado aprende a saber recomeçar.

Sirva-nos de exemplo a tenacidade do apóstolo Pedro, no episódio da pesca milagrosa: não se detém *pelo* fato de ter trabalhado uma noite inteira em vão: *Trabalhamos toda a noite e não obtivemos nada;* pelo contrário, declara-se disposto a regressar ao trabalho, em atenção às palavras do seu Senhor: *Fiado na tua palavra, lançarei as redes.*

Mas, com a força da esperança cristã, não devemos procurar robustecer apenas a nossa vida; é preciso que saibamos infundir nos outros confiança e serenidade, dando vida a um verdadeiro e específico apostolado da confiança, seguindo o exemplo dos anônimos amigos do cego de que fala São Lucas no seu Evangelho, que com estas belas palavras o encorajam a responder ao apelo do Senhor: *Ânimo: levanta-te, Ele te chama!*

A esperança cristã conduz as almas ao abandono: com efeito, quem espera verdadeiramente no Senhor é sempre fiel à vontade manifesta de Deus-fidelidade que entra no âmbito da virtude da obediência e assim dispõe eficazmente o seu ânimo para o abandono na vontade de beneplácito de Deus.

Este perfeito abandono a que conduz a virtude da esperança difere profundamente, como sabes, do «quietismo», exatamente porque o abandono, quando é verdadeiro, se faz acompanhar da esperança e da constante fidelidade aos deveres de cada dia, nas menores coisas, em todos os instantes. Na verdade, a esperança não poupa o cristão; leva-o a comprometer-se com todas as suas forças e possibilidades, coage-o a prosseguir, a perseverar no seu caminho, mesmo que venham a ruir todos os apoios humanos; é precisamente nestas ocasiões que se afirma em toda a sua grandeza a verdadeira esperança em Deus. É o momento de esperar contra toda a esperança — *acreditei na esperança contra toda a esperança*, afirma vitoriosamente São Paulo —; é sempre um momento de Deus, um momento que Ele reserva às almas particularmente amadas.

Meu irmão, a esperança não deve ser nunca um cômodo subterfúgio da nossa preguiça. É o que te recorda o Senhor em dois milagres que fez: quando, no *começo dos milagress*, transforma em Caná da Galileia a água em vinho e quando multiplica os pães e os peixes diante da multidão.

Tanto num caso como noutro, o milagre da onipotência do Senhor se opera depois de se terem esgotado todas as possibilidades humanas, depois de os homens terem feito tudo o que podiam fazer; a água não será transformada em vinho senão quando os fiéis criados tiverem enchido os recipientes *usque ad summum*, até a borda; e, antes de multiplicar os pães e os peixes, o Senhor exige o sacrifício total de todos os meios de subsistência de que dispunham, isto é, dos peixes e dos pães que possuíam; não importava que fossem poucos ou muitos, o importante era que dessem tudo o que tinham.

Para começarmos a viver a virtude da esperança, devemos pedir a ajuda da nossa Mãe do céu, daquela que é a nossa esperança: *Mater mea, fiducia mea*. Minha Mãe, minha esperança.

HUMILDADE

«A verdade está na inteligência, dizia São Tomás, na medida em que esta se conforma com o objeto conhecido; e poderia acrescentar-se que, se o homem não é humilde, ser-lhe-á difícil conhecer e aceitar a verdade tal como é, em toda a sua extensão e exigências.»

(Mons. Josemaria Escrivá, 24-X-1965)

Tenho pensado repetidas vezes que a virtude da humildade paga caro o preço do nome que traz e da realidade que contém. Com efeito, nenhuma outra virtude é tão desprezada, tão ignorada e deformada como esta virtude cristã. A virtude da humildade é uma virtude humilhada. E não sei o que lhe faz mais mal, se o esquecimento em que o mundo a deixa, as troças e o escárnio com que muitos a acolhem, ou a falsidade e a pouca elegância com que alguns a apresentam.

Parece-me, meu amigo, que se torna verdadeiramente necessário que nós, cristãos, aprendamos a conhecer melhor esta virtude, sentindo profundamente a sua importância; que lutemos por conquistá-la e vivê-la retamente e, desse modo, possamos apresentá-la tal como é aos olhos de um mundo contagiado de vaidade e de soberba. A este apostolado do bom exemplo, tão eficaz como esquecido, devemos tu e eu sentir-nos convidados por Jesus Cristo, quando diz: *Aprendei de mim, que sou manso e humilde de coração.*

Humildade de coração: assim nos quer o Senhor, com aquela humildade que nasce no coração e frutifica nas obras. Porque é falsa essa outra humildade que nasce e morre nos lábios: é uma caricatura. Palavras, atitudes, modos, são incapazes por si sós de criar uma virtude: são capazes, sim, de a deformar. A inteligência deve abrir-nos o caminho do coração e ajudar-nos a depositar nele, com afeto, a boa semente da verdadeira humildade, que, com o tempo e a graça de Deus, deitará raízes profundas e dará frutos saborosos.

Meu amigo, a humildade tem início no momento luminoso em que a inteligência descobre e admite, com a força necessária para que o coração possa amá-la, a verdade fundamental, simples e profunda, de que, sem Deus, não podemos fazer nada. Devemos aprender a partir, com as nossas mãos soberbas, o pão branco da verdade evangélica, e a distribuí-lo diante dos nossos olhos ofuscados, que têm em tão alta consideração o nosso «eu» e os nossos talentos.

Escuta-me! Todos os nossos esforços por melhorar e por crescer no amor de Deus e na prática das virtudes evangélicas serão vãos se a graça de Deus não nos ajudar: *Se o Senhor não edifica a casa, em vão se afadigam os que a constroem.* A vigilância mais atenta e constante é perfeitamente inútil sem a vigilância forte e amorosa da graça divina: *Se o Senhor não vigia a cidade, vã é a vigilância da sentinela.*

Eis por que as nossas palavras e as nossas ações de nada servem quando pretendemos valer-nos delas para a nossa atividade em benefício das almas. Sem a água pura da graça divina, o nosso apostolado e as nossas fadigas são uma agitação estéril: *O que conta não é aquele que planta, ou aquele que rega, mas Deus, que dá o incremento.*

Porém, esta graça, que é necessária para progredir nas virtudes, para resistir às tentações e para que o nosso apostolado seja fecundo, é concedida pelo Senhor àqueles que são humildes de coração: *Deus resiste aos soberbos e dá a sua graça aos humildes.* O Senhor, que com suma bondade e uma vigilância cheia de delicadeza distribui copiosamente as suas graças, não se serve dos soberbos para realizar os seus desígnios: teme que se condenem. Se se servisse deles, esses homens encontrariam nessa graça, de acordo com os seus hábitos, um novo motivo de soberba e, nessa vanglória, a causa de um novo castigo.

Meu amigo, conforme ensinam os santos, a humildade consiste na verdade. Que grande motivo para a aceitarmos e vivermos! Que eu me conheça, Senhor! Este conhecimento íntimo e sincero de nós mesmos nos conduzirá pela mão à humildade.

Deixa-me que te diga — tenho-o dito a mim mesmo muitas vezes, no meu íntimo: não és nada! A existência, recebeste-a de Deus; não tens nada que não tenhas recebido dEle; teus talentos, teus dons, de natureza e de graça, são exatamente isso: dons, não o esqueças! A graça é graça e fruto dos méritos do Salvador.

A este nada que tu és, meu amigo, ainda acrescentaste o pecado: abusaste tantas vezes da graça de Deus, por malícia ou, pelo menos, por fraqueza! E a essas duas realidades ainda somaste uma terceira, mais triste que as primeiras: sendo nada e pecado..., viveste de vaidade e de orgulho.

Nada... pecado... orgulho. Que fundamento seguro para a nossa humildade, que será certamente humildade verdadeira, humildade de coração!

O soberbo e o incrédulo têm muito mais em comum do que pensamos. O incrédulo é um cego que atravessa o mundo e vê as coisas criadas sem descobrir Deus. O soberbo descobre e vê Deus na natureza, mas não consegue descobri-lo e vê-lo em si mesmo. Se descobrires Deus em ti mesmo, serás humilde e atribuirás a Ele tudo o que de bom existe em ti: *Que possuis que não tenhas recebido?*

Não fecharás insensatamente os olhos a nenhuma das virtudes ou qualidades que existem na tua alma, porque saberás que vêm de Deus e que um dia Ele te pedirá contas delas. Trabalharás para que deem fruto: não enterrarás nenhum dos teus talentos. E, conservando o mérito das boas obras, saberás dar toda a glória a Deus: *Deo omnis gloria!*, para Deus toda a glória! A vã complacência não encontrará lugar na tua alma humilde.

Através do sulco aberto pela humildade, a paz entrará na tua alma. É uma promessa divina: *Aprendei de mim, que sou manso e humilde de coração, e encontrareis paz para as vossas almas.* Um coração sincero e prudentemente humilde não se perturba por nada. Meu amigo, podes estar certo de que, quase sempre, a causa das nossas perturbações e das nossas inquietações reside na preocupação excessiva pela estima própria ou no desejo inquieto da estima dos outros. A alma humilde abandona nas mãos de Deus a estima própria e o desejo de estima dos outros. E sabe que assim estão seguras. Tira forças da humildade para dizer ao Senhor: se Tu não as queres, eu também não sei que fazer com elas. Neste generoso abandono, encontra a paz prometida aos humildes.

Meu irmão, que a humildade de Maria te sirva de consolo e modelo.

MANSIDÃO

«Como o fidalgo da Mancha, veem gigantes onde não há senão moinhos de vento; convertem-se em pessoas mal-humoradas, acres, de zelo amargo, de modos bruscos, que não encontram nunca nada de bom, que tudo veem com cores negras, que têm medo à legítima liberdade dos homens, que não sabem sorrir.»

(Mons. Josemaria Escrivá, 16-VI-1933)

Meu amigo, tu que conheces a vida do Senhor, sabes perfeitamente que Jesus Cristo quis unir numa mesma página do Evangelho a mansidão e a humildade. Ele te recorda isso com a sua voz amiga e com palavras claras: *Aprendei de mim, que sou manso e humilde de coração, e encontrareis paz para as vossas almas.*

Como vês, a mansidão e a humildade são duas virtudes que devem permanecer unidas no nosso coração, duas irmãs que vivem a mesma vida, dois metais preciosos que se fundem completando-se, um com a sua solidez, outro com o seu raro esplendor. Dois aspectos muito positivos e muito viris da nossa vida interior; com a humildade conquistamos o coração de Deus; com a mansidão, atraímos os nossos irmãos e conquistamos os seus corações.

Agora que meditamos na presença de Deus, quero dizer-te que esta virtude é para todos, também para ti. Todos precisam muito dela, já que a vida é um contínuo relacionar-se com os outros, uma convivência, ocasião de encontros de todo o gênero. A tua família, os teus irmãos, os amigos; as tuas relações profissionais e sociais; os teus superiores, os teus iguais, os que estão sujeitos a ti: é aqui que o Senhor te espera. Em todas essas relações e encontros deve resplandecer a tua mansidão cristã. Meu amigo, se souberes ungir o teu caráter com a força e o vigor desta virtude, teu coração se assemelhará ao coração de Cristo: será *manso e humilde*.

O sacerdote deve ser humilde para ter paciência e caridade cristãs no trato com as almas e assim ser eficaz; a mãe cristã garantirá a educação, forte e duradoura, de seus filhos se souber exercitar-se na mansidão; na intimidade da família reinará a paz se as relações mútuas se desenvolverem num clima de mansidão; e se as relações profissionais e sociais decorressem sob o signo desta virtude seriam bem diversas, e muitos que procuram inutilmente a paz por outros caminhos não tardariam em achá-la.

Todos somos facilmente inclinados a pensar que se chega mais longe na prática do bem com gritos e ordens peremptórias; que a educação se garante com ameaças e modos bruscos; que o respeito se obtém elevando a voz e usando modos autoritários. Mas então que lugar ocupará em nossas vidas a mansidão cristã? Por que motivo Jesus a recomendou no Evangelho?

Quantas vezes, meu amigo, a própria vida se encarregou de te dar uma resposta a estas interrogações, ensinando-te que

MANSIDÃO

a eficácia se esconde quase sempre por detrás da mansidão de Cristo, que o bem é fruto daqueles que procuram e sabem encontrar palavras claras e amáveis, utilizá-las numa conversa serena e persuasiva e ungi-las com o bálsamo das boas maneiras? Quantas vezes a experiência te fez compreender que as correções e as censuras, feitas sem mansidão cristã, fecham o coração da pessoa que as deve receber porque não podemos esquecer nunca que, quando deixamos de ser pai, irmão, amigo para o nosso próximo, tudo o que sai dos nossos lábios traz fatalmente consigo o germe da esterilidade.

Procura sempre por meio da mansidão cristã, que é amabilidade e afabilidade, ter nas mãos o coração das pessoas que a Providência Divina pôs no caminho da tua vida e recomendou aos teus cuidados. Se perdes o coração dos homens, dificilmente poderás iluminar-lhes as inteligências e conseguir que as suas vontades sigam o caminho que lhes indicas.

Meu amigo, tu que sentes em teus braços e no teu coração a responsabilidade de outras almas, o peso de outras vidas, não deves perder nunca de vista que a confiança não é coisa que se imponha, mas algo que se inspira. E sem a confiança das pessoas que te circundam, que colaboram contigo e que te servem, como será amarga a tua vida e infecunda a tua missão! A mãe cristã compreenderá muito bem estas palavras pensando na educação de seus filhos; o sacerdote, meditando no bem das almas que dirige ou daqueles que lhe prestam a sua colaboração; e o próprio diretor de um escritório ou de uma fábrica, detendo-se a pensar na tranquilidade dos seus empregados e dos seus subalternos.

O teu mau gênio, as tuas reações bruscas, os teus modos pouco amáveis, as tuas atitudes desprovidas de afabilidade, a tua rigidez, tão pouco cristã!, são a causa de que te encontres só, na solidão do egoísta, do homem amargo, do eterno descontente, do ressentido, e são também a causa de que à tua volta, em vez de amor, haja indiferença, frieza, ressentimento e desconfiança.

É preciso que, com um temperamento afável e compreensivo, com a mansidão de Cristo misturada na tua vida, sejas feliz e faças feliz todos os que te circundam, todos os que se encontram no caminho da tua vida. À tua passagem, deves deixar o *bonus odor Christi,* o bom odor de Cristo: o teu sorriso habitual, a tua calma serena, o teu bom humor e a tua alegria, a tua caridade e a tua compreensão. Deves assemelhar-te a Jesus, que *pertransiit benefaciendo,* que passou fazendo o bem.

Aqueles que desconhecem a mansidão de Cristo deixam atrás de si uma nuvem de descontentamento, um rasto de animosidade e de dolorosas /amarguras, uma sequência de feridas não cicatrizadas; um coro de lamentos e uma quantidade de corações fechados, por um tempo mais ou menos longo, à ação da graça e à confiança na bondade dos homens.

Pergunta-te a ti mesmo, num sincero e luminoso exame de consciência, o que tens deixado atrás de ti até este momento: os que te consideraram como pai, irmão, amigo, aqueles que te trataram como superior, chefe ou companheiro, todos esses, o que é que receberam de ti? O que permaneceu em suas almas depois de te haverem encontrado?

Meu amigo, tu, que concebes toda a tua vida em função do apostolado, não podes deixar de pensar no que Jesus promete numa das bem-aventuranças: *Bem-aventurados os mansos, porque possuirão a terra.* Ser manso é possuir a terra, e essa é a primeira condição para darmos glória a Deus e levarmos a paz aos homens. Se tu e eu, que queremos que a nossa vida se consuma na prática do bem, não sabemos possuir a terra, atraindo os corações, como poderemos levá-la a Deus? Antes de tentarmos fazer santos todos aqueles a quem amamos, é preciso que os tornemos felizes e alegres: nada prepara melhor a alma para a graça do que a alegria.

Sabes perfeitamente, e quero apenas recordar-te que, quando tens entre as mãos os corações daqueles que queres tornar melhores e os sabes atrair com a mansidão de Cristo, já percorreste metade do teu caminho apostólico. Quando te têm afeto e confiam em ti, quando se mostram contentes, o terreno está preparado para a sementeira. Seus corações se abrem, como terra boa, para receber o branco trigo da tua palavra de apóstolo, de educador.

Se souberes falar sem ferir, sem ofender, mesmo que devas corrigir ou repreender, os corações não se fecharão. De outro modo, tuas palavras esbarrarão contra um muro maciço, tua semente não cairá em terra fértil, mas à beira da estrada *iuxta viam* da indiferença ou da falta de confiança, ou na pedra *super petram* de um espírito mal-disposto, ou entre os espinhos *inter spinas* de um coração ferido, ressentido, cheio de rancor.

Nunca percamos de vista que o Senhor prometeu a sua eficácia às caras alegres, aos modos afáveis e cordiais, à palavra clara e persuasiva que dirige e forma sem magoar: *Bem-aventurados os mansos, porque possuirão a terra*. Não devemos esquecer nunca que somos homens que tratam com outros homens, mesmo quando queremos fazer bem às almas. Não somos anjos. E por isso a nossa fisionomia, o nosso sorriso, os nossos modos são elementos que condicionam a eficácia do nosso apostolado.

Não podemos terminar sem pedir a Maria, Mãe amável, que nos fite com seus olhos misericordiosos: *illos tuos misericordes oculos ad nos converte.* Sob o olhar de uma mãe tão amável, compreenderemos muito bem o valor, a necessidade e a eficácia da mansidão cristã.

AS HUMILHAÇÕES

«Deus exalta nas mesmas coisas em que humilha. Se a alma se deixa conduzir, se obedece, se aceita a purificação com inteireza, se vive da fé, verá uma luz insuspeitada, que a fará pensar, cheia de assombro, que antes tinha sido cega de nascença.»

(Mons. Josemaria Escrivá, 24-III-1931)

Se a paciência é o caminho que conduz à paz e o estudo o caminho que conduz à ciência, a humilhação é o único caminho que conduz à humildade. É nisso que meditaremos agora tu e eu, depois de termos ficado a sós com Deus Nosso Senhor.

Se queremos uma verdadeira e autêntica vida espiritual, é natural que sintamos um desejo muito atual e muito firme de humildade. E esta preocupação pela humildade é a que nos leva a perguntar-nos como havemos de obter o maior fruto possível das humilhações que o Senhor nos faz sentir no mais profundo da nossa alma e daquelas outras que dispõe no nosso caminho de trabalho.

Há momentos — momentos delicados na vida espiritual—, em que a alma se sente profundamente humilhada. Luzes muito concretas e muito claras de Deus Nosso Senhor põem a descoberto e fazem sobressair tudo o que de mais humilhante possam ter as nossas misérias e as nossas deficiências, as nossas inclinações e as nossas imperfeições, os nossos defeitos.

Os olhos da nossa alma abrem-se para o que somos sem querer, para o que sentimos sem querer e para o que nos atrai, embora o detestemos. Muitos defeitos, porventura anteriormente desconhecidos, afloram com contornos claros e precisos ante o olhar atônito da alma. E o campo da consciência se vê assaltado violentamente pelos insucessos e deficiências que a nossa vida conheceu.

Em ocasiões de maior recolhimento, em dias de retiro, é fácil que o Senhor introduza as almas neste caminho para as fazer crescer na humildade e aprofundar no conhecimento de si mesmas. Nesses momentos, nessas circunstâncias, lembra-te, meu amigo, desta frase que agora te reproduzo: *Digitus Dei est hic!*, é o dedo de Deus! Não te esqueças de que é o amor de Deus por ti que te proporciona estas luzes de conhecimento próprio, este sentimento do que foste ou do que és, esta humilhação cuja força estimulará a tua alma a enveredar pelo caminho da humildade. Não te esqueças de que o Senhor reserva este tratamento às almas que mais ama: *Eu repreendo aqueles a quem amo.*

Por isso, meu amigo, a nossa reação sobrenatural em face das humilhações deve ser a de um ato de profunda ação de graças: *Dou-te graças porque me humilhaste.* Esta humilhação interior ou aquele insucesso exterior deixarão a tua alma impregnada de humildade e darão à tua vida uma santidade maior e, muito provavelmente, uma nova eficácia às tuas atividades.

Não penses que és pior, agora que vês o que antes não vias, agora que sentes profundamente o que antes não sentias, agora que tiveste ocasião de conhecer uma deficiência do teu caráter, da tua formação e das tuas atitudes. Não és pior, és melhor, ou, pelo menos, estás em ótimas condições de melhorar. Se soubeste aproveitá-los, esses momentos fizeram-te percorrer metade do caminho, porque sabes onde se encontra o mal que deves eliminar, porque conheces o defeito que deves combater e sabes também que precauções deves tomar para evitar surpresas.

Qual há de ser a nossa disposição interior e a nossa reação sobrenatural ante essas humilhações internas e esses insucessos externos que ameaçam a paz e a tranquilidade da nossa vida interior?

A nossa primeira reação em face seja do que for deve ser uma reação de humildade. Devemos aceitar a humilhação ou o insucesso com verdadeira humildade, com essa humildade que se chama de coração porque nele tem as suas raízes e dele extrai toda a sua força. E não só aceitar as humilhações, mas amá--las, amar a nossa própria miséria e desse modo conseguir dar graças a Deus por nos conhecermos como na realidade somos.

Depois, havemos de evitar tudo o que seja ou saiba a rebelião interior. Que falta de humildade de coração não demonstraríamos se nos rebelássemos contra esse estado de humilhação em que a bondade e a providência de Deus querem colocar-nos para que a nossa alma amadureça e se una mais com Ele!

Não deves apenas repelir a revolta, mas também evitar com cuidado qualquer justificativa diante de ti mesmo e dos outros. As fáceis e abundantes justificativas que, se não fores verdadeiramente humilde, encontrarás para alimentar a tua soberba, que surge em defesa do ótimo conceito que fazes de ti mesmo, cortarão à nascença todos os frutos de humildade e de eficácia que Deus reservava à tua alma. Não te justifiques! Não te justifiques diante da tua alma só e humilhada! Afoga na humildade o argumento soberbo que aparentemente fecharia uma ferida mal cicatrizada. Desbarata corajosamente o contra-ataque do orgulho disposto a recuperar as posições que o teu amor-próprio perdeu. Vira as costas e a cara aos afagos insidiosos da soberba. Repara que é a hora de Deus. *Ama nesciri et pro nihilo reputari.* Tens de preferir ser esquecido e tido por nada.

E nunca deves desanimar perante as humilhações. Este é o último escolho que a tua psicologia tem de vencer para que não reste nenhum complexo no teu caráter, nem limitação alguma na tua capacidade de trabalho e de serviço a Deus. O bálsamo do otimismo e da confiança fará com que a ferida cauterizada pela humildade cicatrize perfeitamente e se transforme num troféu de glória. A desconfiança e o desalento fariam um mal terrível à tua luta ascética e à tua vida de apóstolo. Depois de termos reagido com humildade de coração e de termos evitado, também com humildade, os escolhos que acima te indiquei, levantar-nos-emos, meu amigo, com uma grande confiança. Que bom ponto de partida para a nossa confiança é a humilhação recebida com alegria!

Devemos sentir com São Paulo a força e o estímulo da virtude da esperança que, como o vento do mar, iça as velas da nave da nossa vida interior: *Quando sou fraco, então é que sou forte.* Agora que sou mais consciente de minhas fraquezas, poderei apoiar-me eficazmente na fortaleza de Deus.

Esta esperança reavivará o amor adormecido e fará, meu amigo, que encontremos palavras apropriadas para

AS HUMILHAÇÕES

o exprimirmos ao Senhor; e não conheço palavras mais apropriadas para este momento espiritual do que as palavras de Pedro a Cristo, palavras de amor contrito e confiante, no seu primeiro encontro com o Senhor após a tríplice negação: *Senhor, Tu sabes tudo, Tu sabes que eu te amo!* Tu sabes, Senhor, que te amo, apesar de tudo, acima de tudo. E o peso que te oprimia desaparece, e da humilhação apenas restam humildade, experiência, confiança e amor.

A humildade e a confiança conduzem pela mão a nossa alma à alegria e à decisão. Quantos são os recursos da humildade! As nossas forças aumentam, a nossa decisão torna-se mais firme e mais prudente. A alegria leva à nossa alma as palavras gozosas de São Paulo: *Alegremente me gloriarei em minhas fraquezas*. E a decisão se concretiza nestas palavras do Doutor dos gentios: *omnia possum*, posso tudo!

O colóquio com a Virgem Maria, que é toda humildade, é tão espontâneo que prefiro não reduzi-lo a escrito; prefiro que a tua alma e a minha o façam a sós com Ela.

O ITINERÁRIO DO ORGULHO

«Já ouvistes dizer que o maior negócio do mundo seria comprar os homens pelo que realmente valem, e vendê-los pelo que julgam que valem. É difícil a sinceridade. A soberba a violenta, a memória a obscurece: o fato se esfuma, ou se embeleza, e encontra-se uma justificação para cobrir de bondade o mal cometido, que não se está disposto a retificar; acumulam-se argumentos, razões, que vão afogando a voz da consciência, cada vez mais débil, mais confusa.»

(Mons. Josemaria Escrivá, 24-III-1931)

Existe um caminho que não é, certamente, o da salvação nem o da felicidade, e pelo qual, não obstante, enveredamos com toda a facilidade e com muita frequência. E a este propósito, deixa que te confidencie alguns pensamentos e reflexões, para que juntos aprendamos a reconhecê-lo desde o primeiro instante e a evitá-lo sempre.

O itinerário do orgulho tem um ponto de partida bastante triste, porque começa com a negação de Deus em nossas almas e em nossas vidas. A este respeito alguém observou agudamente que o ateu e o orgulhoso têm pontos em comum. Com efeito, o ateu recusa-se a admitir a existência de Deus pelas provas da Criação e das criaturas; não vê Deus Nosso Senhor nas coisas criadas.

O orgulhoso recusa-se a reconhecer Deus na sua alma e na sua vida: não surpreende Deus Nosso Senhor nos dons da natureza e da graça que enriquecem a sua pessoa e frutificam na sua vida.

Na realidade, o orgulho não é mais do que uma estima desordenada das qualidades e dos talentos pessoais. Não é mais do que a ideia desmedida e desordenada que formamos de nós mesmos. Cultivamos voluntariamente e com uma espécie de circunspecção interior esse alto conceito de nós mesmos, e não admitimos qualquer sombra, por pequena que seja, qualquer referência a outras pessoas, nem suportamos qualquer censura ou correção. Atribuímos a nós mesmos — esquecendo-nos por completo de Deus Nosso Senhor — tudo aquilo que somos e valemos. E, desse modo, excluímos Deus e os outros da nossa vida: só *eu*, diz obstinadamente o orgulhoso, contemplando-se com complacência e encastelando-se em si mesmo com presunção.

Nas almas que seguem o caminho do orgulho não encontram nenhuma ressonância aquelas palavras de São Paulo: *Que tens de próprio que não tenhas recebido?* Nem despertam eco aquelas outras palavras que completam o raciocínio do Apóstolo: *Por que te vanglorias, como se não tivesses recebido o que possuis?*

Se existe algum caminho que torne as almas complicadas, é o caminho do orgulho. O itinerário do orgulho é um labirinto em que as almas se desorientam e se perdem. O orgulho destrói a simplicidade das almas, esse ser e aparecer sem pregas — *sine plicis* —, que é uma característica encantadora das pessoas humildes.

Mas quantas pregas se formam na alma contaminada pelo orgulho! É um vício capital que induz cada vez com mais força a dar voltas continuamente sobre nós mesmos, a retornar infinitas vezes e a deleitar-nos com o pensamento dos talentos próprios, das virtudes próprias, dos êxitos próprios e daquela determinada ocasião ou circunstância em que triunfamos. E este é o mundo, oco e mesquinho, da vã complacência.

Do mundo interior passa-se ao mundo exterior: o itinerário do orgulho continua a sua marcha implacável. Tudo o que essas pessoas construíram dentro de si, desejam agora edificá-lo à sua volta. *Não darei a outros a minha glória*, disse o Senhor. Mas a alma orgulhosa riposta a este imperativo divino apropriando-se dessa glória.

Este itinerário infeliz jamais passará pelo Senhor. Nada nem ninguém poderá fazer dizer às almas que enveredam por este caminho: *Só pela graça divina sou o que sou*. Seu olhar e seu pensamento jamais se levantarão das qualidades e dos triunfos pessoais para se fixarem em Deus Nosso Senhor e lhe agradecerem a sua bondade. O olhar e o pensamento destas almas detêm-se sempre na planície. O itinerário do orgulho começa com a exclusão de Deus e o ensimesmamento.

O horizonte do orgulhoso é terrivelmente limitado: esgota-se em si mesmo. O orgulhoso não consegue olhar para além da sua pessoa, das suas qualidades, das suas virtudes, do seu talento. É um horizonte sem Deus. E neste panorama tão mesquinho nunca aparecem os outros, não há lugar para eles. Dado o alto conceito que tem de si mesma, a alma que segue este itinerário nunca pede conselho a ninguém e de ninguém os aceita. Basta-se a si própria. Vive agarrada ao juízo próprio e à vontade própria, até a casmurrice, e voluntariamente ignora, até o desprezo, qualquer opinião ou convicção alheia.

Por isso o desprezo pelo próximo é uma atitude frequente, e mesmo habitual, entre as pessoas que seguem este caminho. Convertem-se intimamente em fariseus e consideram os outros como publicanos, reproduzindo continuamente em suas vidas a cena e as atitudes da parábola evangélica: *Agradeço-te por não ser como os outros homens*. Os *outros* existem apenas como termo de comparação, para se exaltarem no seu orgulho enquanto os desprezam.

As pessoas que se encontram neste caminho não suportam que exista ninguém superior a elas. É uma possibilidade que não se pode verificar, nem sequer no mundo das hipóteses. Os *outros* só podem servir para elas se exaltarem: devem estar num nível inferior. Os defeitos dos outros devem servir para pôr em evidência a sua sabedoria e habilidade; e a escassa inteligência dos outros, para fazer resplandecer o seu grande valor. E aqui se encontra a raiz da inveja, dos ciúmes e das ansiedades que acompanham a vida de todos os que seguem o itinerário do orgulho.

Mas este caminho infeliz não acaba aqui. Da inveja, passa-se à inimizade. E quantas são as inimizades que têm origem — estranha origem — na inveja! Pessoas que se veem desprezadas, odiadas e combatidas apenas por serem melhores ou mais inteligentes do que os seus perseguidores. São réus culpados do grande delito de serem bons ou inteligentes, ou de terem trabalhado muito. E este delito é combatido e castigado no itinerário do orgulho com a frieza, a inimizade, o silêncio e a calúnia.

Não perder o lugar, não entregar as armas: quem caminha nesta direção chega ao fingimento e à hipocrisia. Simular aquilo que não se é, exagerar aquilo que se possui. Tudo é lícito, tudo é bom, neste maldito caminho, desde que o interessado seja o primeiro diante de si e na estima dos outros.

Para nos mantermos sempre afastados deste perigo, e para sairmos dele se nos encontramos nesse caminho, recorramos à Virgem — Mestra da humildade — para que nos faça compreender que *a soberba é o princípio de todos os pecados*.

CELIBATO E CASTIDADE

«...a nossa castidade é uma afirmação gozosa, uma consequência lógica da nossa entrega ao serviço de Deus, do nosso amor.»

(Mons. Josemaria Escrivá, 24-III-1931)

Meu amigo, a castidade, a castidade perfeita, da qual te falarei agora, é o reverso da medalha do amor. Um exemplo simples, tirado do amor humano, te ajudará a compreender e a aprofundar no sentido que esta virtude deve ter para nós. Quando na vida se ama de verdade uma pessoa, e se ama a ponto de querê-la para companheira de todos os dias, esse amor é e deve ser necessariamente exclusivo: é um amor que ocupa plenamente o coração e a vida da pessoa e que, logicamente, exclui outros amores incompatíveis com ele.

Ora, nós devemos amar a Deus com o mesmo coração com que amamos na vida as pessoas que nos rodeiam. E foi o mesmo coração que se dá aos amores nobres e límpidos da terra que nós demos a Jesus, nós que seguimos as suas pisadas, renunciando com alegria a outros afetos que, pelo fato de serem humanos, não deixam de ser grandes. Tinham os olhos abertos e têm o coração vibrante todos aqueles que se comprometeram com um amor terreno; tínhamos os olhos abertos e temos o coração vibrante, nós que estamos comprometidos com um amor do céu. Este amor de Deus, que se concretiza no celibato e na castidade perfeita, é também exclusivo e proíbe qualquer outro amor que seja incompatível com ele.

Nihil carius Christo, nada nem ninguém é mais amável do que Jesus Cristo, proclamou São Paulo e repetem-no todos aqueles que, para seguirem mais de perto a Jesus Cristo, renunciaram a todos os bens da terra, mesmo aos lícitos; como repetiram e repetem com São Paulo, na apreciação das coisas humanas: *Considero tudo como lixo para ganhar Cristo;* todas as coisas da terra são nada quando se trata de ganhar Cristo.

Meu irmão, encaremos o celibato e o amor pela castidade perfeita como uma exigência, para ti e para mim, do amor de Jesus Cristo. A nossa alma, o nosso coração e o nosso corpo são dEle, foram-lhe dados com os olhos bem abertos. E não nos esqueçamos de que não nos falta nem nos pode faltar absolutamente nada: *Deus meus et omnia,* meu Deus e meu tudo!

Não te posso dizer — porque te diria uma coisa inexata — que a castidade, a pureza, é a primeira das virtudes; tu sabes perfeitamente — desejo apenas recordar-te isso — que a primeira virtude, começando pela base, é a fé: a fé é o fundamento de todo o nosso edifício espiritual; sabes também que a primeira das virtudes, contemplando o edifício espiritual de cima, é a caridade: só através dela — rainha das virtudes — nos unimos diretamente a Deus. Mas também não seria exato se não te acrescentasse agora que a castidade, a pureza de vida, forma o ambiente, o clima propício para que aquelas duas virtudes e, com elas, as outras, possam desenvolver-se.

Não é difícil compreender a importância e a necessidade da castidade na vida espiritual. Sem essa virtude, que cria o ambiente, o clima, nunca seremos homens de vida interior; sem ela, não poderemos possuir uma verdadeira vida sobrenatural.

O homem sensual é a antítese do homem espiritual; o homem carnal não pode entender as coisas do espírito, as coisas de Deus: é um prisioneiro da terra e dos sentidos, e jamais poderá elevar-se e saborear os bens do céu e as alegrias espirituais, profundas e serenas, da alma.

A castidade, meu amigo, também é muito necessária para o apostolado. O celibato e a castidade perfeita dão à alma, ao coração e à vida externa de quem os professa aquela liberdade de que o apóstolo tanto necessita para poder dedicar-se ao bem das outras almas. Esta virtude, que torna os homens espirituais e fortes, livres e ágeis, habitua-o ao mesmo tempo a ver à sua volta almas e não corpos, almas que esperam luz das suas palavras e da sua oração, e caridade do seu tempo e do seu afeto.

Devemos amar muito o celibato e a castidade perfeita, porque são provas concretas e tangíveis do nosso amor a Deus e são, ao mesmo tempo, fontes que nos fazem crescer continuamente nesse amor. Tudo isto nos faz pensar como a nossa vida interior aumentará e o nosso apostolado se tornará eficaz mediante estes sacrifícios cheios de amor.

Quero lembrar-te agora uma verdade muito simples, uma verdade que conhecemos, que temos ouvido e ensinado muitas vezes: a castidade é perfeitamente possível; a castidade é possível sempre e a qualquer momento; em todas as idades e circunstâncias, também quando surgem as tentações e as dificuldades.

A castidade é possível, não por causa das nossas limitadas forças, mas porque no-la conserva a bondade de Deus, mediante a sua graça. Quero que saboreies estas palavras luminosas do Livro da Sabedoria: *E como compreendi que não posso ser casto se Deus não mo concede, fui ao Senhor e lho pedi...* Todas as almas que lutam e rezam para viverem *sicut angeli Dei,* como anjos de Deus, experimentaram a verdade e a realidade consoladora daquelas palavras ouvidas por São Paulo: *Basta-te a minha graça.*

E continuando neste caminho simples e chão de te recordar verdades que tu e eu conhecemos e amamos, detenho-me por alguns instantes num conceito que inteligências pouco esclarecidas pela luz da fé e corações frios nos dão ocasião de delinear e de meditar.

E não posso esconder-te, meu amigo, que desta vez me encho de pena só de pensar que possa haver entre os nossos irmãos, entre nós que doamos ao Senhor a nossa juventude e a nossa vida, alguém que considere a castidade perfeita uma mutilação, um sacrifício que deixa a pessoa incompleta.

Profundamente entristecido, conheci algumas almas — quero dizer-te isso em confiança — que trazem sobre os ombros o peso de uma castidade que consideram menos bela e menos fecunda que o casamento. Sabes que estas almas não sentem com a nossa Mãe, a Igreja, enquanto em seu extravio têm por companhia a tristeza de uma vida estéril.

A castidade perfeita é, naturalmente, uma renúncia: sabemo-lo e não o queremos ignorar; a castidade perfeita é uma renúncia ao prazer carnal, é uma renúncia ao amor conjugal e é uma renúncia à paternidade. Mas é uma renúncia cheia de luz e de amor, uma renúncia de amor, porque — repito-te — o amor é por natureza exclusivo, e quem ama não se priva de nada, quando se priva de tudo o que não é o seu amor. E quando este amor é Deus, quando este amor é Cristo, a exclusividade não só não custa, mas encanta. O vazio desta renúncia é preenchido de um modo maravilhoso e superabundante pelo próprio Deus; o amor de Deus nos torna felizes; não nos falta nada.

A castidade é amor, amor exclusivo a Deus, um amor que não nos pesa, um amor a Deus que nos torna ligeiros e ágeis e que, ao mesmo tempo, nos cumula de uma felicidade profunda e serena. E já que a castidade é amor, devemos repetir, com as nossas vidas sempre jovens e cheias do entusiasmo dos enamorados, aquelas palavras com que um autor espiritual concluía uma série de belas páginas escritas sobre esta virtude: defendemos o nosso direito ao amor.

Com a nossa convicção profunda e clara sobre o significado e a beleza desta virtude; com a nossa decisão firme e atual, que nos fará repetir e afirmar que faríamos mil vezes o que fizemos por estarmos convencidos de que é o melhor que poderíamos ter feito; com os nossos olhos e os nossos corações postos em Jesus Cristo, a quem confiamos as nossas vidas, poderemos dizer de verdade que defendemos o nosso direito ao amor. E dir-te-ei mais, servindo-me da feliz expressão de um monge poeta: somos, no mundo, os aristocratas do amor. E não preciso de te dizer, porque já o disse, que a castidade não pode ser uma virtude suportada; a castidade deve ser, em nossas vidas, uma virtude afirmada com alegria, amada com paixão e preservada com delicadeza e vigor.

Encarando a pureza como fruto e fonte de amor, consolidá-la-emos em toda a sua maravilhosa extensão e grandeza: Deus Nosso Senhor pede-nos uma pureza de corpo, de coração, de alma e de intenções. Meu irmão, a pureza é uma virtude frágil, ou melhor, trazemos o grande tesouro desta virtude em vasos frágeis *in vasis fictilibus* — e por isso é necessária uma vigilância prudente, inteligente, delicada.

Mas temos armas invencíveis para a guarda e defesa desta virtude; as armas da nossa humildade, da nossa oração e da nossa vigilância.

A humildade é a disposição necessária para que o Senhor nos conceda esta virtude: *Deus... humilibus dat gratiam*, Deus dá a sua graça aos humildes. Não há dúvida de que é íntima a união entre a humildade e a castidade. Li uma vez com gosto que um escritor espiritual dava à humildade o nome de castidade do espírito.

E nunca esqueçamos, meu irmão, que, para defendermos e crescermos nesta virtude, é absolutamente necessário que escutemos e sigamos com grande delicadeza o conselho de Jesus Cristo: *Vigiai e orai*. Uma vigilância que te levará a fugir com energia e prontidão das ocasiões e dos perigos. Uma vigilância que se manifestará também no momento do exame de consciência e à hora da franqueza, sincera e filial, na direção espiritual. Uma vigilância que te ensinará a mortificar os sentidos e a imaginação.

A oração, a amizade com Jesus Cristo na Santíssima Eucaristia, o Sacramento da penitência, a devoção à Virgem Imaculada, são os meios eficazes e necessários que protegem a virtude da castidade.

VERDADEIRAS E FALSAS VIRTUDES

«Sobretudo aos que começam, costuma levá-los o Senhor talvez durante anos por esses mares menos tempestuosos, para os confirmar na sua primeira decisão, sem lhes exigir a princípio o que eles ainda não podem dar, porque são quasi modo geniti infantes, corno crianças recém-nascidas.»

(Mons. Josemaria Escrivá, 24-III-1931)

Quando as almas dão os primeiros passos no caminho da vida espiritual, é frequente experimentarem o que experimenta a criança que, tendo semeado ao anoitecer, num ângulo do jardim da casa, uma semente de trigo ou um caroço de pêssego, corre no dia seguinte de manhã cedo, com a esperança de encontrar uma espiga dourada ou de poder saborear os frutos maduros do pessegueiro.

E logo que observa que a fecundidade da terra não pôde satisfazer nem as suas esperanças nem a urgência do seu capricho infantil, lança-se, desiludida e magoada, nos braços da mãe, para lhe revelar, com os olhos cheios de lágrimas, a tragédia da sua alma provocada pela crueldade da terra que lhe nega o fruto de seus suores. A mãe sorri com ternura.

Assim como a criança procura a espiga ou o pêssego, depois de uma noite de espera que lhe pareceu um século, assim muitos pretendem das suas almas o fruto de uma verdadeira e sólida virtude, mal lançaram em seus corações a semente dos bons propósitos e se limitaram a alimentá-la com desejos de santidade e de fidelidade.

Estas almas reparam bem depressa, em face de qualquer dificuldade ou obstáculo, que a sua virtude não é tão forte nem tão sólida como pensavam que fosse, e então enchem-se de tristeza e de desânimo. Deus Nosso Senhor, que ama estas almas como uma mãe ama o seu pequenino, sorri à vista da infantilidade da sua vida interior.

É absolutamente necessário, meu amigo, que, desde os primeiros passos na vida interior, nos habituemos a cultivar as verdadeiras virtudes e aprendamos a evitar as falsas. É verdade que começaste, e começaste bem; é verdade que o *nunc coepi* — agora começo! — ressoou generosamente na tua vida, mas também é verdade — e às vezes te esqueces disso — que as virtudes, bons hábitos operativos, precisam de tempo e fadiga, de luta e esforço, para serem verdadeiras.

Os bons propósitos, os desejos ardentes não são suficientes para conferir solidez às tuas virtudes e para as tornarem verdadeiras, nem esses ardores ou esses propósitos modificam, por si sós, a tua natureza e o teu caráter. Para que as tuas virtudes sejam sólidas e para que a tua natureza e o teu caráter se transformem, são precisos um esforço e uma luta perseverantes durante todo aquele *tempus laboris et certaminis*, tempo de trabalho e de luta, que é a tua vida.

Os ardores e os sentimentos fortes de devoção sensível, que por providencial bondade divina andam sempre unidos aos primeiros passos no caminho da vida interior, levam as almas que são ainda crianças na vida espiritual a pensar que está tudo feito, que os defeitos e as tendências desordenadas desapareceram e que, de ora em diante, tudo será fácil; a vida virtuosa não lhes custará nenhum esforço.

A Providência de Deus, através das próprias experiências da vida, não tardará a abrir os olhos a estas almas, descobrindo-lhes o verdadeiro sentido da vida espiritual e com isso a maturidade das virtudes. A própria vida lhes ensinará — repito-te — que todos aqueles defeitos e tendências não estavam mortos, mas adormecidos, e que é necessário um esforço perseverante e uma luta cheia de confiança para os fazer morrer deveras.

Quando Deus Nosso Senhor faz passar estas almas que desejam segui-lo de perto, da devoção sensível para a devoção árida, e desta para a verdadeira devoção espiritual, então elas compreendem os desígnios de Deus e os seus divinos estratagemas para fazê-las conquistar as verdadeiras virtudes e uma sólida formação.

Toda esta delicada ação divina reclama tempo: o tempo é o grande aliado de Deus na obra da santificação das almas, que é sempre obra de toda uma vida. O tempo, meu amigo, é um cavalheiro: não o esqueças! Lembro-me com que alegria escutei, dos lábios de um santo religioso, este provérbio tão simples quão luminoso: *Iuvenes videntur sancti sed non sunt: senes non videntur sed sunt*. «Os jovens parecem santos, mas não são; os velhos não parecem, mas são.» Os ardores da juventude que começa a seguir de perto o Senhor são flores, são promessas; o trabalho sereno, profundo, intenso, das almas curtidas no serviço de Deus, é fruto maduro e sazonado, é eficacíssima realidade.

Querer uma santidade sem esforço, procurar adquirir uma virtude sem provas nem lutas, sem batalhas nem derrotas, é um sonho de juventude, que não resiste à experiência consumada de uma verdadeira vida espiritual.

Há, em contrapartida, virtudes que se afirmam no meio das dificuldades, virtudes que, com esforço e com tempo, acabam por reinar, virtudes que, depois de lutas e vitórias, adquirem a prontidão, a facilidade e a constância próprias das verdadeiras virtudes. Todas essas características, unidas a um gosto espiritual pelo exercício dos atos virtuosos, são a prova, o selo que faz reconhecer como verdadeira uma virtude.

E é precisamente para que tu, meu irmão, alcances esta meta que Deus Nosso Senhor põe à prova a tua oração mediante a aridez, o teu apostolado mediante uma aparente esterilidade, a tua humildade mediante as humilhações, a tua fé e a tua confiança mediante as dificuldades, a tua paciência mediante as tribulações, a tua caridade mediante os defeitos e as misérias dos outros e também mediante a contradição dos bons. De todas estas dificuldades, do teu esforço confiante e prolongado no tempo e da tua paciência serena, nascem e se fortalecem as verdadeiras virtudes. Permite-me que te insista: *Pela paciência possuireis as vossas almas*, a troco da vossa paciência adquirireis a santidade.

Deus Nosso Senhor não quer que as tuas virtudes sejam flores de estufa: seriam virtudes falsas. Todas as reflexões que fizemos juntos nos indicam o caminho que conduz às verdadeiras virtudes e nos ensinam também como as virtudes, quando são verdadeiras, possuem uma intrínseca solidez, que não depende dos estímulos ou apoios externos.

As virtudes verdadeiras ambientam-se no mundo, sem se confundirem com ele, e afirmam-se no mundo e no meio das dificuldades, como os raios do sol que incidem sobre a lama e a secam sem se sujarem.

As virtudes verdadeiras dão unidade à vida das pessoas que nelas se exercitam. As virtudes falsas conduzem a essa temível ruptura entre as práticas de piedade e a vida de cada dia; as virtudes falsas formam compartimentos estanques na conduta diária e não podem irrigar, por falta de fecundidade, a vida inteira de uma pessoa. Existem pessoas que são aparentemente boas nalgumas circunstâncias ou nalguns momentos do dia ou da semana, por hábito, por comodidade, por fraqueza.

As falsas virtudes são como o barro dourado que, visto de longe, parece ouro, mas, quando o tocamos, nos faz compreender imediatamente, pela sua falta de peso, que o ouro é falso, sendo suficiente uma fenda para descobrirmos o que se oculta por trás do ligeiríssimo véu de ouro. As verdadeiras virtudes são ouro, ouro puro, sem escórias, mesmo quando à sua volta esse ouro puro se encontra maculado por algumas partículas de lama. Ouro salpicado de lama. Mas o Senhor toma-o entre as mãos e limpa as manchas, para que o metal precioso brilhe em todo o seu esplendor.

Que a Virgem Maria, Rainha das virtudes, nos ensine a desejar e a praticar as virtudes verdadeiras!

A SERENIDADE

> «Luta ascética, pondo em prática ao longo do dia as virtudes teologais, que, mais do que para teorizar, são virtudes para viver: a fé, a esperança, a caridade. E assim tereis serenidade. Serenidade que é um modo laical de denominar um fruto da fortaleza, da temperança, da justiça, da prudência: das virtudes cardeais.»
>
> (Mons. Josemaria Escrivá, 31-V-1954)

Quando eu era um moleque, fazia, como é hábito entre as crianças, pequenas construções de barro com pedras e pedaços de madeira, e se alguém descuidadamente lhes punha o pé em cima, destruindo-as... que tragédia! Pensando agora naquelas brincadeiras de criança, divirto-me, e, se revivo com a recordação aquelas tragédias infantis, não posso deixar de sorrir.

Brincadeiras de crianças e tragédias infantis é o que são, se soubermos encará-las serenamente, tantas e tantas preocupações de pessoas muito avançadas em anos e de juízo maduro.

A virtude da serenidade é uma virtude rara, que nos ajuda a ver as coisas à sua verdadeira luz e a apreciá-las no seu justo valor, o valor real e objetivo que têm, e que nos é revelado pelo equilíbrio e pelo bom senso; e a apreciá-las também segundo o valor sobrenatural que devem alcançar, e a que nos conduz o espírito de fé.

Falta-nos esta serenidade quando deformamos a realidade, quando fazemos de um grão de areia uma montanha; quando nos afligem com o seu peso coisas que não nos deveriam perturbar; sempre que não tomamos em linha de conta, nos nossos juízos, a Providência divina e a luz das verdades eternas. Meu amigo, subsistiriam na nossa vida tantas preocupações, inquietações e sobressaltos, se vivêssemos esta virtude cristã da serenidade? Nenhuma, ou quase nenhuma.

Olha como o simples decorrer do tempo nos dá, quase sempre, a serenidade do passado; mas só a virtude nos pode garantir a serenidade do presente e do futuro.

O tempo, depois que passa, restabelece cada coisa no seu lugar; aquele acontecimento que tanto te preocupou e aquele outro que tanto te perturbou, agora, que tudo pertence ao passado, é apenas uma sombra, um claro-escuro no quadro da nossa vida. É desta serenidade do presente e do futuro que te quero falar.

Temos necessidade da serenidade da inteligência, para não sermos escravos dos nossos nervos ou vítimas da nossa imaginação; temos necessidade da serenidade do coração para não sermos consumidos pela ansiedade ou pela angústia; precisamos também de serenidade na ação, para evitarmos obnubilações, superficialidade e inútil desperdício de forças.

A cabeça serena dá-nos firmeza e pulso para uma atividade de comando; cabeça serena aquela que encontra a palavra justa e oportuna que ilumina e consola, que sabe ver as coisas com profundidade e perspectiva, sem descuidar os pormenores e os aspectos particulares que devem ressaltar numa visão de conjunto.

Meu amigo, acho que te devo repetir que a virtude da serenidade é uma virtude rara, porque a vida de muitas pessoas é dominada pelos nervos; porque não poucas existências se consomem em imaginações e fantasias; e porque existem caracteres que de tudo fazem uma tragédia ou um melodrama.

A pessoa meticulosa só vê os pormenores e asfixia-se com a sua insistência; o teórico apenas vê os problemas gerais e isola-se da vida; só a pessoa serena sabe ver o conjunto e os detalhes, e extrair deles uma síntese eficaz e concreta.

O homem rígido não é sereno, porque a sua rigidez o faz ultrapassar os limites do que é justo e razoável, do que é proporcionado às circunstâncias das pessoas, do tempo e do lugar. A falta de serenidade do homem rígido perturba e oprime os outros.

Não é sereno o homem fraco, porque se detém antes de chegar à meta, e assim se prejudica a si próprio e aos outros. O fraco não aborrece nem oprime, mas também não governa; nunca será eficaz; é uma vítima da corrente.

Objetividade e concretização; análise e síntese; suavidade e energia; freio e impulso; visão de conjunto e riqueza de pormenores: tudo isto e muito mais é abrangido, em síntese harmônica, pela virtude cristã da serenidade.

Nem tu nem eu podemos ser serenos sem luta: as paixões são uma realidade em todas as pessoas; a imaginação pode perturbar todas as cabeças; os nervos existem em todos os organismos; as impressões fazem vibrar todas as sensibilidades; a ignorância, o erro e o exagero são patrimônio de todas as inteligências e, portanto, o temor e a trepidação encontram cabida em todos os corações.

O domínio de nós mesmos, o equilíbrio nos juízos, a reflexão ponderada e serena, o cultivo da inteligência, o controle dos nervos e da imaginação, exigem luta e firmeza e perseverança no esforço. Este é o preço da serenidade. A serenidade deve ser uma virtude conatural no cristão, porque nenhum cristão pode ignorar que o princípio da serenidade e da harmonia reside no dom da fé.

Sobre este terreno que acabamos de contemplar, terreno lavrado e convenientemente preparado pelo conjunto das virtudes humanas que conduzem ao equilíbrio, à objetividade, ao realismo e ao bom senso, deve levantar-se, como o sol sobre um campo rico de promessas, a virtude da fé, verdadeiro sol da alma, que nos dará uma visão da vida e de suas alternativas cheia de serenidade, de horizontes amplos e rica de pormenores.

Nesta serena visão o coração se aquietará, a alma encontrará paz e a inteligência compreenderá, à luz de Deus, o porquê de muitas coisas, e assim aumentará a serena tranquilidade da sua vida. Nem as coisas que não se compreenderem poderão perturbar o coração, porque a própria fé ensinará que a causa do que não se compreende é sempre a bondade de Deus e o seu afeto pelos homens.

Serenidade cristã: tu vives escondida sob o véu obscuro da fé; serenidade cristã: tu penetras na alma com a visão sobrenatural, como o orvalho penetra nas flores às primeiras luzes da manhã; serenidade cristã, tu te escondes nestas palavras de Jesus: *Não se perturbe o vosso coração nem se aflija — não vos preocupeis... De que serve ao homem ganhar o mundo inteiro, se vier a perder a sua alma?*

Serenidade cristã: penetras a alma na oração, como as chuvas inundam a terra na primavera; serenidade cristã: mergulhas as tuas raízes na alma que aprende a abraçar e a vencer a dor com espírito de fé; serenidade cristã: estabeleces-te na alma quando ela se alimenta do Corpo e do Sangue de Cristo; serenidade cristã: enches a alma que se abre sincera e confiadamente ao diretor espiritual; serenidade cristã: és o presente mais delicado que Jesus faz às almas simples e desprovidas de complicações.

Meu amigo, o nosso Pai Deus nos quer serenos no meio das provações e dificuldades da vida: *Insistentes na oração, pacientes na tribulação, alegres na esperança.*

Meu amigo, Jesus nos quer serenos em face da morte e em face da vida: *Quer vivamos, quer morramos, somos do Senhor.*

Meu amigo, o Senhor nos quer serenos no nosso trabalho de cada dia, sobretudo quando se torna duro e pesado.

Meu amigo, Deus Nosso Senhor nos quer serenos quando, pelo nosso estado e condição, devemos dar aos outros ajuda e conselho.

Meu amigo, Jesus Cristo nos quer serenos quando nos encontramos à mesa de trabalho, em face dos problemas e decisões da nossa profissão.

E serenos também na nossa vida de aperfeiçoamento e nos nossos esforços sinceros por ser melhores: *Pela paciência possuireis as vossas almas.* Falta-te serenidade quando te zangas contigo mesmo e perdes a paz, ao comprovares que teus progressos nas vias do Senhor são lentos. Não te esqueças de que é a luz da serenidade que te faz compreender o valor destas palavras: «Ninguém se faz santo de repente». E não te esqueças depois que jamais encontrarás o Senhor no tumulto e na precipitação interior: O *Senhor vem na tranquilidade.*

Se a tua oração for serena em suas reflexões, em seus afetos e propósitos, seus efeitos serão mais profundos, e mais duradouros os seus frutos. E deves encher de serenidade o teu apostolado: porque é um grande dom de Deus o sabermos infundir segurança e serenidade nas almas, no seu caminho para o Senhor.

Rainha da serenidade — dizemos com alegria — é a nossa Mãe do Céu.

A «CRÍTICA»

«Não me cansarei de vos insistir em que aquele que tem obrigação de julgar deve ouvir as duas partes, os dois sinos. Porventura a nossa lei condena alguém sem o ter ouvido primeiro e examinado o seu procedimento, recordava Nicodemos, aquele homem reto e nobre, leal, aos sacerdotes e fariseus que procuravam perder Jesus.»

(Mons. Josemaria Escrivá, 29-IX-1957)

As pessoas, coisas e acontecimentos que se oferecem à nossa consideração reclamam de nós um juízo. A parte mais nobre de tudo o que o Senhor nos deu com profusão e generosidade assume uma atitude determinada em face de nós mesmos e do que nos circunda. A tua inteligência e a tua sensibilidade — como as minhas — medem e avaliam qualquer pessoa, coisa ou acontecimento com que se põem em contato.

Esta capacidade de apreciação e de juízo aumenta em proporção com a profundidade da pessoa e a seriedade com que enfrenta os acontecimentos e vive a própria vida. A uma maior riqueza interior, a uma consideração mais profunda das coisas e a um empenho vital mais sério corresponde, necessariamente, uma maior capacidade de apreciação e de juízo. Os insensatos e os frívolos, os que se perdem em pormenores ou vivem fora da realidade, os que não fazem nada ou fazem coisas em excesso, todos esses perderam ou vêm perdendo, para sua grande desgraça, o sentido do valor e do juízo.

Meu amigo, Deus Nosso Senhor quer que sejas uma alma de critério, que saibas encarar as pessoas, as situações, as circunstâncias e os acontecimentos com espírito sobrenatural e sentido prático da vida. É preciso que esta capacidade de apreciação e de juízo, cheia de sentido sobrenatural, aumente e se purifique a cada dia. Com semelhante capacidade de juízo cristão, sereno e objetivo, defendemo-nos de nós mesmos e dos nossos inimigos — antes de mais, dos da nossa alma —, e aperfeiçoamos as nossas ações e o nosso trabalho, ajudando os nossos amigos na sua vida e atividades.

Mas esta capacidade de apreciação e de juízo, que é tão necessária à tua vida e sem a qual dificilmente poderias imprimir à tua conduta seriedade e vigor cristão, tem os seus limites. Mantê-la e exercitá-la dentro desses limites é aproximar-se de Deus; permitir que os ultrapasse e exercitá-la sem essa medida cristã é afastar-se de Deus. Quantas críticas sem medida cristã que te separam de Deus e dos outros!, que te tornam inimigo de todos e que fazem com que todos te evitem! Conheces bem o tipo do demolidor desapiedado e cruel.

Apresento-te uma galeria de espíritos críticos e pergunto-te: em qual destas categorias poderemos ser incluídos tu e eu? A crítica do fracassado — que, pelo seu fracasso, se revelou inimigo de Deus — é universal, porque quereria arrastar todos os homens no seu próprio fracasso; a crítica do irônico é mordaz, ligeira, superficial, disposta sempre a sacrificar a uma piada as coisas mais sérias e mais sagradas; a crítica do invejoso, nascida entre ansiedades e despeitos, é ridícula e vaidosa; a crítica do idiota é tola; a crítica do orgulhoso e do prepotente é desapiedada e, normalmente, condimentada com outros ingredientes piores; a crítica do ambicioso é desleal, porque tende a pôr o acento na sua pessoa, em detrimento dos outros; a crítica do sectário é apriorística, parcial e injusta, é a crítica de quem se serve conscientemente e com fria paixão da mentira; a crítica do ressentido é amarga e pungente, destila fel por todos os lados; a crítica do homem honesto é construtiva; a crítica do amigo é amável e oportuna; a crítica do cristão é santificante.

Para que a tua crítica seja sempre a crítica do homem honesto, do amigo, do cristão, isto é, para que seja construtiva, amável, oportuna e santificante, deve cuidar de salvar sempre a pessoa e as suas intenções. Deve ser objetiva, nunca subjetiva. Deve inclinar-se sempre, com respeito, diante do santuário da pessoa e do seu mundo interior. Que é que tu sabes das intenções, dos motivos e de todas as circunstâncias subjetivas, de que apenas Deus Nosso Senhor, que lê nos corações, é perfeito conhecedor? Aqui te vêm ao encontro, meu amigo, as palavras de Cristo: *Não julgueis e não sereis julgados*.

Esta crítica, profundamente humana, porque conhece os nossos limites, é profundamente cristã, respeita o que pertence ao Senhor, concilia e conserva a amizade, até dos adversários, manifesta-se em termos de pleno respeito e compreensão pela pessoa do próximo.

O homem honesto, e por maioria de razão o cristão, não julga nem critica o que não conhece. Exprimir um juízo, formular uma crítica, pressupõe o perfeito conhecimento, em todos os seus aspectos, do que é objeto de consideração. A seriedade, a retidão e a justiça ficariam comprometidas se não se procedesse deste modo.

Neste ponto, tu e eu nos lembramos certamente de tantos juízos e de tantas críticas improvisadas, sem qualquer conhecimento de causa: o juízo do superficial, que fala do que não conhece; a crítica de quem adere ao que ouviu dizer aos outros, sem se dar ao trabalho de o verificar; a conduta do inconsciente, que julga até aquilo de que nunca ouviu falar. E reparamos também com que facilidade transformamos em juízo — disfarçando-a de juízo crítico — uma simples impressão. A crítica do ignorante é sempre injusta e funesta.

A crítica, a crítica cristã, respeita sempre os requisitos de tempo, lugar e modo, sem os quais se transformaria facilmente em detração e difamação. Não será mau, a este propósito, que tu, que te consideras um homem maduro e feito, capaz de juízo e de critério seguro, te perguntes se existe na tua vida este mínimo de prudência cristã, que te põe a coberto das insídias da tua língua e da tua pena. Falar sem pensar e escrever sem refletir pode ser perigoso para a tua alma, mesmo que te encontres na posse da verdade.

Devo acrescentar agora, meu amigo, que a crítica assume as cores do *animus* do espírito de quem a formula, das disposições interiores donde procede. Existe um *animus* bom e um *animus* mau: devemos tê-lo presente, porque é um critério seguro para julgarmos moralmente do uso que fazemos da nossa capacidade de apreciação e de crítica.

O fracassado, o invejoso, o irônico, o orgulhoso e o prepotente, o fanático, o ressentido e o ambicioso, têm um *animus* mau, não reto, que se manifesta imediatamente na sua crítica.

O homem honesto, o amigo, o cristão, têm dentro de si um *animus* bom, que transparece igualmente em todas as suas apreciações e juízos.

Este *animus* bom é a caridade, o desejo do bem dos outros, que assegura à crítica todas aquelas qualidades que adornam a boa crítica. Para que a crítica seja justa e construtiva, eficaz e santificante, é preciso amar os outros, amar o próximo.

Neste caso, o exercício da crítica é sempre um ato de virtude naquele que a exerce e uma ajuda para quem a recebe: *Frater qui adiuvatur a fratre quasi civitas firma*, o irmão ajudado por seu irmão é como uma cidade amuralhada.

Saber defender-se da crítica injusta e malévola é normalmente uma virtude e quase sempre um dever; saber aceitar uma crítica boa, além de ser uma virtude cristã, é uma prova de sabedoria. É sinal certo de grandeza espiritual saber deixar que nos digam as coisas e receber as advertências com alegria e agradecimento. Aquele que aprende a escutar e a perguntar irá muito longe no uso dos talentos que recebeu de Deus.

Mas é infeliz aquele que não tolera que lhe digam as coisas; que de mil maneiras as maneiras do amor-próprio ferido procura ferir e vingar-se daquele que teve a atenção e a caridade de lhe dirigir urna crítica honesta e boa. Tu e eu não devemos esquecer nunca que todas as coisas que fazemos mal devem ser bem feitas e que todas as coisas que fazemos bem podem ser melhor feitas; e para isso devemos poder contar não só com a nossa boa vontade, mas com a crítica.

Mas também não devemos viver excessivamente preocupados com a crítica, com «o que dirão». Uma preocupação excessiva e pusilânime com a opinião dos outros poderia cortar-te as asas e levar-te à inibição. A crítica ligeira e invejosa, a crítica mexeriqueira e superficial deve ser ignorada.

A este propósito, devo dizer-te que quem não faz nada não é alvo de crítica nenhuma, porque a gente — não sei o motivo — raramente critica a omissão.

Quem faz coisas e as faz em abundância é sempre criticado, e por todos: criticam-no os que não fazem nada, porque a sua vida e o seu trabalho lhes parecem uma acusação; criticam-no os que agem em sentido contrário, porque o consideram como um inimigo; criticam-no também, quando não são bons, os que fazem as mesmas coisas ou outras parecidas, porque são ciumentos.

Muitas vezes encontrarás na tua vida este paradoxo: deves fazer-te perdoar, no que fizeste de bom e no que realizaste com o teu suor, por todos aqueles que não fizeram nada de bom ou nunca trabalharam.

Noutras ocasiões, ver-te-ás injustamente atacado por aqueles que não concebem que se possa fazer nada de bom sem lhes pedir ajuda. Sorri com elegância e continua a trabalhar.

Não te esqueças de dar graças a Deus por todas as coisas; e sobretudo pela crítica honesta e boa, amiga e cristã. Deves dar graças a Deus e a quem te adverte.

TENTAÇÕES

«Não se quebrarão teus pés de barro, porque conheces a tua inconsistência e serás prudente; porque sabes bem que só Deus pode dizer: "Quem de vós me pode acusar de pecado?"»

(Mons. Josemaria Escrivá, 24-III-1931)

Como é diferente o nosso caminho — o caminho que deve ser percorrido pelos teus discípulos, Senhor — do que imaginamos na inexperiência dos nossos verdes anos e nos sonhos dourados da nossa irrequieta fantasia!
Imaginávamos com frequência um caminho tranquilo, feito de uma inalterável calma interior e de pacíficos triunfos externos... E também — por que não? — de algumas clamorosas e vistosas batalhas, com feridas cobertas de louros, e depois... a desejada admiração de muitos. Pensávamos, Senhor, de modo ingênuo e pouco sobrenatural, que a simples decisão de te seguirmos e de caminharmos generosamente contigo, renunciando a muitas

consolações humanas, nobres e lícitas, mudaria a nossa natureza e a preservaria — como se fôssemos anjos! — do peso das tribulações e da perturbação das tentações.

Mas os teus juízos, Senhor, não são os nossos juízos, nem o teu caminho é igual aos nossos caminhos. A nossa história, tecido admirável onde os atributos divinos da tua bondade, da tua sabedoria, da tua onipotência, da tua ciência divina e da tua misericórdia, se entrelaçam aparentemente de modo caprichoso com os acontecimentos, que são veículo da tua vontade, ensinou-nos a compreender com gosto que a vida do cristão é milícia — *militia est vita hominis super terram* — e que todos os teus discípulos devem experimentar a *pax in bello*, a paz na guerra do teu serviço.

Daremos graças a Deus porque *suaviter et fortiter*, suave e fortemente, nos descobriu o valor sobrenatural e o fim providencial das tentações e das tribulações. Por meio delas, Deus Nosso Senhor deu à nossa alma a experiência do homem maduro, a dureza e o realismo do soldado veterano curtido na batalha e o espírito de oração do monge mais contemplativo.

Tentações... vais tê-las! A tua vida de serviço a Deus e à Igreja experimentá-las-á necessariamente, porque a tua vocação, a tua chamada, a tua decisão generosa de seguir o Senhor não imuniza a tua alma contra os afetos do pecado original, nem extirpa para sempre o fogo das tuas concupiscências, que é onde se geram as tentações: *Cada um é tentado pela sua concupiscência*.

Consolar-te-ás pensando que os Santos — homens e mulheres de Deus! — sustentaram as mesmas batalhas em que tu e eu devemos empenhar-nos para demonstrar o nosso amor ao Senhor. Escuta o grito de São Paulo: *Quem me libertará deste corpo de morte?* Pensa nas tentações de São Jerônimo, ao longo da sua vida austera e penitente no deserto; lê a vida de Santa Catarina de Sena, e tomarás conhecimento das provações e dificuldades dessa grande alma; e não te esqueças do martírio de Santo Afonso de Ligório, octogenário, nem das fortes tentações contra a esperança na vida de São Francisco de Sales, no período de seus estudos, nem da fé tão duramente provada naquela têmpera de apóstolo que era Dom Chautard... nem das tentações de todo o gênero de tantos e tantos.

Meu amigo, reflitamos com espírito sobrenatural: desde que não as procures imprudentemente, as tentações são o instrumento de que Deus se serve para pôr à prova e purificar a tua alma *como ouro no cadinho*. As tentações fortificam e imprimem um selo de autenticidade às tuas virtudes.

Que autenticidade se pode atribuir a uma virtude que não se afirmou vitoriosamente sobre as tentações que lhe são contrárias? *Virtus in infirmitate perficitur,* a virtude aperfeiçoa-se na contradição. As tentações revelam e robustecem a tua fé, fazem crescer e tornar-se mais sobrenatural a tua esperança e permitem que o teu amor — o amor de Deus, que te faz resistir valorosamente e não consentir — se manifeste de modo efetivo e afetivo.

Além disso, toda a experiência da tua luta contra as tentações te servirá para dirigir, ajudar e consolar muitas almas tentadas e atribuladas. Permitirá que adquiras a ciência da compreensão e as faças frutificar no trato com as almas. A necessidade de recorrer a Deus, que se faz sentir tão fortemente em tais momentos, fará com que a tua vida de oração deite raízes profundas na tua alma.

Como crescerás em humildade e no conhecimento próprio à vista das tuas tendências e das tuas inclinações! Teus méritos aumentarão e... — por que não? — te sentirás consolado ante a perspectiva de uma maravilhosa esperança do céu: *Quem semeia com lágrimas, colherá com alegria.*

Todas estas considerações aumentarão a tua confiança e a tua visão sobrenatural. No entanto, desejo acrescentar uma coisa: o maior perigo para as almas tentadas e atribuladas é o desalento, o fato de poderem pensar ou admitir que a tentação é superior às suas forças, que não há nada a fazer, que o Senhor as abandonou; que já consentiram. Deves viver, meu amigo, vigilante e firme contra esta tentação que se apresenta normalmente depois que se lutou com valentia, e que é a mais temível e forte das tentações.

Escuta-me! Pode-se vencer sempre! *Omnia possum!* Posso tudo! Se lutas e empregas os meios adequados, a vitória será tua. «Deus não nega a sua graça aos que fazem tudo o que está ao seu alcance». Deus fê-lo compreender a São Paulo no momento da tentação! *Basta-te a minha graça!* A graça! Não te esqueças nunca da graça de Deus. O Senhor sabe perfeitamente até que ponto podes resistir e, como o oleiro, conhece o grau de temperatura necessário para que os seus vasos de eleição — *vas electionis* — adquiram cada um o grau de solidez e de beleza que lhes estabeleceu.

Nunca percas a confiança, não te desmoralizes, não te perturbes. Quero recordar-te que sentir não é o mesmo que consentir, que as inclinações sensíveis e os movimentos espontâneos não dependem da tua vontade. Basta que resistas generosamente: só a vontade pode consentir e admitir na alma o pecado. Entretanto, aconteça o que acontecer, o Senhor está contigo, na tua alma, mesmo que não sintas a sua presença, mesmo que não experimentes a sua companhia. Está contigo — sobretudo agora que lutas — e diz-te: *Sou Eu, não temas*.

Abre ainda mais os olhos da tua alma: o Senhor permite as tentações e serve-se delas, providencialmente, para te purificar, para te fazer santo, para te desprender melhor das coisas da terra, para te conduzir aonde Ele quer e por onde quer, para te fazer feliz numa vida que não seja cômoda e para te dar maturidade, compreensão e eficácia no teu trabalho apostólico com as almas, e... sobretudo, para te fazer humilde, muito humilde!

Escuta agora, com a visão nova que estas considerações possam ter suscitado em ti, as palavras da Sagrada Escritura: *Filho, dispondo-te a servir a Deus, prepara o teu ânimo para a tentação* (Eclo 2, 1). E tu — alma tentada e atribulada — admira a bondade de Deus que te faz saborear, com a esperança do céu, estas palavras do Espírito Santo: *Bem-aventurado aquele que padece tentação, porque, depois que tiver sido provado, receberá a coroa da vida*. As tentações tecerão a tua coroa!

Mas não te esqueças, meu amigo, de que precisas de armas para vencer nesta batalha espiritual. Tuas armas serão: a oração contínua, a sinceridade e franqueza com teu diretor espiritual, a Santíssima Eucaristia e o Sacramento da Penitência, um generoso espírito de mortificação cristã — que te levará a fugir das ocasiões e a evitar a ociosidade —, a humildade de coração e uma devoção terna e filial à Santíssima Virgem Consoladora dos aflitos e Refúgio dos pecadores. Dirige-te a Ela com confiança. *Mater mea, fiducia mea*. Minha mãe, minha esperança.

A IMAGINAÇÃO

«A nossa pedagogia compõe-se de afirmações, não de negações, e reduz-se a duas coisas: agir com senso comum e com senso sobrenatural.»

(Mons. Josemaria Escrivá, 24-III-1931)

Nenhuma pessoa prudente escolheria um doido como conselheiro para os problemas mais delicados da sua vida. Todos nós qualificaríamos de imprudente e pouco sensato quem se comportasse desse modo.

Esta verdade, tão clara e evidente na vida e nos negócios, não o é tanto, pelo menos na prática, na vida interior e no problema da nossa santificação. A imaginação é uma doida — a doida da casa, como a qualificava Santa Teresa, com o seu habitual bom-humor — e, no entanto, a escolhemos, mais ou menos inconscientemente, para conselheira dos problemas mais delicados da nossa alma.

Esta doida que nos distrai com o seu alarido e nos dissipa com a sua agitação; que nos comunica os seus temores e nos perturba com as suas apreensões, que nos sussurra ao ouvido suspeitas infundadas, que nos tiraniza com as suas ambições e nos morde com a sua inveja; esta doida que nos faz abandonar a realidade com sonhos fantasiosos, cheios de euforia ou de pessimismo, e que instila em nós, suavemente, o veneno da sensualidade e do amor-próprio; esta doida — sabemo-lo por experiência — é a grande inimiga da nossa vida interior, é a eterna aliada do mundo, do demônio e da carne.

É ela que perturba a tua vida de oração, que te faz temer a mortificação; é ela que introduz na tua alma a tentação da carne e da soberba, que falseia o teu conhecimento de Deus e te priva do sentido sobrenatural; é ela que te embala no sonho da frivolidade ou te submerge no letargo da tibieza; é ela que extingue o fogo da caridade ou acende o da desconfiança e da discórdia.

Doida, como um cavalo fogoso; inquieta, como uma borboleta. Se não a dominas e orientas, nunca serás alma interior e sobrenatural. Se não a dominas, nunca poderás fruir daquela calma serena que é tão necessária para servir a Deus. Se não a refreias, nunca alcançarás aquele realismo que é uma exigência da vida de santidade.

Calma, realismo, serenidade, objetividade: virtudes que nascem onde termina a tirania da imaginação; virtudes que crescem e se fortificam no esforço ascético por dominar e controlar a fantasia. Dizia-te que é grande a tirania da imaginação. Tão grande que chega a alterar as ideias, a falsear as situações da vida, a deformar as pessoas.

A IMAGINAÇÃO

O Evangelho oferece-nos uma prova muito eloquente desta tirania. O lago de Genesaré: uma escura noite de tempestade; os Apóstolos têm de remar com a máxima energia, lutando contra um vento forte em sentido contrário. A pequena barca, sacudida pelas ondas, abriga doze homens que se esforçam desesperadamente por resistir à força impetuosa do vento. Jesus retirou-se a um monte vizinho para orar. Na quarta vigília da noite, aproxima-se dos Apóstolos caminhando sobre as águas. E os doze... *vendo Jesus, que caminhava sobre as águas, perturbam-se e exclamam: é um fantasma!*

Vê: a adorável figura do Mestre, que se aproxima para ficar com eles, para os ajudar, para acalmar a tempestade impondo silêncio às ondas com a sua palavra imperiosa, assume naquelas imaginações o aspecto de um fantasma, que lhes mete medo e os perturba.

Quantas vezes este episódio evangélico se repete em nossas vidas! Em quantas ocasiões a nossa alma, vítima da imaginação, se enche de temor e fica perturbada! Brincadeiras da fantasia, fantasmas da imaginação, essas são as cruzes imaginárias que frequentemente nos atormentam, oprimindo-nos com o seu peso. Não exagero se te digo que noventa por cento dos nossos sofrimentos, desses sofrimentos que, com pouco conhecimento da Cruz de Cristo, qualificamos como cruzes, são imaginários, pelo menos aumentados e deformados pela cruel tirania da nossa imaginação. É por isso que nos pesam e nos enfraquecem tanto as nossas cruzes humanas e inventadas.

Se tudo o que nos faz sofrer tanto e nos oprime tão violentamente fosse verdadeiramente a Cruz que o Senhor nos manda, a Cruz de Jesus, uma vez que a tivéssemos reconhecido como tal e com fé e amor a tivéssemos aceito, não deveria pesar-nos nem oprimir-nos mais. Porque a Cruz de Jesus, a Santa Cruz, não é fonte de tristeza ou de abatimento, mas de paz e de alegria.

Mas se, pelo contrário, carregamos sobre os ombros uma cruz humana e imaginária, uma cruz produzida pela nossa revolta interior contra a verdadeira Cruz, então devemos estar tristes e preocupados. Este peso e esta preocupação podem desaparecer da tua vida, podem deixar de oprimir-te: basta que abras os olhos da fé e que te decidas a cortar as asas à tua imaginação.

Deixa-me que te diga que estas cruzes humanas que te acabrunham com o seu peso não existem na grande realidade da tua vida sobrenatural: existem apenas na tua imaginação. Carregas sobre os ombros um peso tão atroz quão ridículo: um peso que na tua imaginação é uma montanha e na realidade é um grão de areia.

São fantasmas forjados na tua cabeça, fantasmas que a fantasia reveste de cores vivas, atribuindo-lhes mãos largas e temerosas e pernas ágeis e velozes. São fantasmas que agora te perseguem, enchendo de dor e de agitação a tua alma. Um pequeno gesto da tua vida de fé seria suficiente para os fazer desaparecer. Percebes que basta pouco para os eliminar?

Mas, às vezes, admitimos na nossa vida outros fantasmas que vêm de longe: são os temores de males futuros. São temores de coisas ou perigos que hoje não existem e que não sabemos se se verificarão, mas que vemos presentes e atuais na nossa imaginação, convertendo-os em tragédia. Um simples raciocínio sobrenatural seria suficiente para os varrer: se esses perigos não são atuais e esses temores ainda não se verificaram, é óbvio que não dispões da graça de Deus necessária para os vencer e aceitar. Se esses receios vierem a cumprir-se, então não te faltará a graça divina e, com ela e com a tua correspondência, a vitória, a paz. É natural que não tenhas agora a graça de Deus para venceres os obstáculos e aceitares as cruzes que existem apenas na tua imaginação. É preciso construir a vida espiritual com base num realismo sereno e objetivo.

Os fantasmas não são menos perigosos no campo da caridade. Quantas vezes és vítima da imaginação no exercício desta virtude! Quantas suspeitas sem fundamento, radicadas apenas na tua cabeça! Quantas coisas fazes pensar e dizer ao teu próximo, quando ninguém pensou, nem disse, nem fez nada! Estes fantasmas perturbam e minam a vida de relação, a vida de família. Os pequenos contrastes, que se dão necessariamente em todos os círculos de convivência humana, mesmo entre santos — porque não somos anjos —, agigantam-se e deformam-se em consequência da imaginação, e criam estados de ânimo duradouros que nos fazem sofrer muitíssimo. Por coisinhas de nada, por ninharias e pelo jogo da fantasia, cavam-se abismos que dividem as pessoas, que destroem afetos e amizades, porque vão corrompendo a unidade.

A imaginação é ainda a grande aliada da sensualidade e do amor-próprio. Quantos romances te faz viver! Sonhos fantásticos em que és o herói, a personagem que triunfa: fantasmas que afagam a tua ambição, o teu desejo de mandar e de ser admirado, a tua vaidade.

Vê quantos obstáculos para a tua santidade. A tua vida de piedade — a oração, a presença de Deus, o abandono nas mãos do Senhor, a alegria forte e sobrenatural —, as muralhas da tua vida interior ameaçadas, minadas pela doida da casa.

Que sejas sobrenatural, objetivo. A voz de Jesus põe termo aos temores e à aventura dos doze no lago de Genesaré: *Tende confiança. Sou Eu. Não temais.*

EXAME DE CONSCIÊNCIA

«... toda a nossa glória consiste no testemunho, que a consciência nos dá, de termos procedido neste mundo com simplicidade de coração e sinceridade diante de Deus.»

(Mons. Josemaria Escrivá, 16-VI-1960)

Na hora silenciosa do exame de consciência, gosto muito de meditar e viver estas palavras da Sequência da Missa de Defuntos: «Será aberto um livro em que está tudo registrado». No momento do encontro com Jesus, passar-nos-ão rapidamente diante dos olhos as páginas do livro da nossa vida, onde está escrito tudo o que fizemos nos nossos dias cá na terra.

Para não ter surpresas no último momento, gosto muito, meu amigo, de pegar entre as mãos este livro que, enquanto estou vivo, vou escrevendo, queira ou não queira. Gosto de pegar nele, de o abrir e pôr diante dos olhos da minha alma. Como é fácil e como é útil fazê-lo no momento da oração, no momento de examinar a consciência!

Acostumei-me a pensar que cada dia da minha vida é uma página desse livro; quando começo a viver um dia, encontro-me diante de uma página em branco. E às vezes percorro rapidamente todas as páginas escritas e faço voar também as páginas em branco, aquelas em que ainda não escrevi nada, porque ainda não chegou o momento. E sempre, misteriosamente, ficam-me algumas delas presas entre os dedos das mãos, algumas que não sei se chegarei a escrever, porque não sei quando o Senhor me porá pela última vez esse livro diante dos olhos.

É com gosto que encabeço com uma única palavra estas páginas brancas que cada manhã começamos a rabiscar: *Serviam!* Servirei, que é um desejo e uma esperança. Desejo, porque sinceramente quero dar esse sentido à página inteira. Quero efetivamente servir a Deus, escrevendo direito e escrevendo aquilo que Ele quer. Esperança, porque confio, com a graça de Deus, fazer tudo aquilo que desejo.

Depois deste início — desejo e esperança —, quero escrever palavras e frases, compor parágrafos e encher a página de uma letra clara e nítida, que mais não é do que o trabalho, a oração, o apostolado: toda a atividade do meu dia.

Procuro pôr muita atenção na pontuação, que é o exercício da presença de Deus. Estas pausas, que são como vírgulas ou pontos e vírgulas, ou dois pontos, quando são mais longas, representam o silêncio da alma e as jaculatórias com as quais me esforço por dar significado, sentido sobrenatural, a tudo o que escrevo.

Gosto muito dos pontos e ainda mais dos pontos parágrafos, com os quais tenho a impressão de recomeçar a escrever: são como pequenos atos por meio dos quais retifico a intenção e digo ao Senhor que começo de novo — *nunc coepi!*—, agora começo —, com a vontade reta de o servir e de lhe dedicar toda a minha vida, momento a momento, minuto a minuto.

Ponho também a maior atenção nos acentos, que são as pequenas mortificações, por meio das quais a minha vida e o meu trabalho adquirem um significado verdadeiramente cristão.

Uma palavra não acentuada é uma ocasião em que não soube viver cristãmente a mortificação que o Senhor me enviava, essa que Ele me tinha preparado com amor, essa que Ele desejava que eu descobrisse e abraçasse com gosto.

Esforço-me para que não haja riscos, emendas ou manchas de tinta, nem espaços em branco, mas... quantas vezes fracasso! São as infidelidades, as imperfeições e os pecados... e as omissões. Dói-me muito ver que não existe quase nenhuma página em que não se tenham manifestado a minha insensatez e a minha falta de habilidade.

Mas consolo-me e recupero a serenidade rapidamente, pensando que sou uma criança pequenina que ainda não sabe escrever e que precisa de uma régua para não escrever torto, e de um mestre que lhe dirija a mão, para não escrever bobagens. Que bom Mestre é Deus Nosso Senhor, e que imensa paciência tem comigo!

Noutras ocasiões, divirto-me repassando as primeiras páginas deste livro, rabiscadas quando apenas sabia fazer traços verticais; ou as que se seguem, onde apenas existem letras, grandes e disformes, traçadas com mão pouco firme, e aquelas outras em que já existem palavras e frases; e as mais recentes, com suas linhas de letra apertada.

Quereria, Senhor, aprender a escrever este livro; aprender a deixar conduzir a minha mão pela tua mão divina, para assim fazer em cada momento a tua vontade. E quereria encher cada página com expressões cheias de afeto e de amor sincero ou, pelo menos, quando não tivesse sabido escrever aquilo que devia, com manifestações de contrição serena e sincera.

Dói-me ou alegra-me este jogo do livro. Queres, meu amigo, que aprendamos a entreter-nos todos os dias, sinceramente, com profundidade e perseverança, neste divertimento que é tão do agrado do Senhor? Faz o exercício do exame de consciência. Ele te dará um grande conhecimento de ti próprio, do teu caráter e da tua vida. Ele te ensinará a amar a Deus e a concretizar em propósitos claros e eficazes o desejo de aproveitares bem os teus dias.

E sentirás, meu amigo, como o sinto agora, o desejo de escrever um cântico de amor a Deus — *cantate Domino canticum novum*, cantai ao Senhor um cântico novo —, um cântico que será verdadeiramente novo a cada dia, porque o escreverás com o sentimento vivo da tua vocação, da tua vida de filho de Deus, que se renovará todos os dias: *Ecce nova facio omnia*, eis que Eu renovo todas as coisas.

Meu amigo, pega em tuas mãos o livro da tua vida e folheia-o todos os dias, para que a sua leitura não te venha a surpreender no dia do juízo particular, nem te envergonhes da sua publicação no dia do juízo universal.

NA PRESENÇA DO PAI

«Somos crianças diante de Deus, e se considerarmos assim a nossa vida ordinária, aparentemente sempre igual, veremos que as horas das nossas jornadas se animam, que estão cheias de maravilhas, diversas entre si e todas formosas.»

(Mons. Josemaria Escrivá, 24-III-1930)

Encher-me-ás de alegria com a tua presença. O exercício contínuo da presença de Deus é norma prática e segura de perfeição. Viver contigo, Senhor, procurar a tua presença, trabalhar sentindo-me seguido pelo teu olhar e ver-te em todos os acontecimentos que entretecem a minha vida diária. Saber que podemos e devemos viver sempre na presença de Deus é um motivo perene de alegria.

Faz, Senhor, que nunca falte no nosso dia a dia a alegria da tua presença, que não falte em nossas dificuldades cotidianas, nos momentos difíceis, a consolação de te sabermos presente.

Horas non numero nisi serenas, só conto as horas serenas. Esta inscrição gravada debaixo de um relógio de sol, que quebrava com graça a austeridade de um velho muro romano, é a que tenho visto viverem e saborearem as almas que caminham na presença de Deus, numa alegria serena que fruem e infundem à sua volta. O sentido sobrenatural da vida — sol no alto do horizonte da alma cristã — dissipará com a força da fé todas as preocupações e contrariedades diárias, para deixar a alma na serenidade de quem sabe olhar tudo com os olhos de Deus.

Meu amigo, quando vivermos esta presença de Deus que agora — enquanto conversamos — o Senhor te pede, aprenderemos a dirigir-lhe cada uma de nossas ações, a viver uma pureza de intenções cada vez maior. *Deo omnis gloria*, para Deus toda a glória, esta será a norma de toda a nossa ação. Só então saberemos compreender a grandeza e a eficácia daquilo que a Igreja, nossa Mãe, nos faz pedir para todos os cristãos: *... que todas as nossas orações em Ti sempre comecem, e, tal como começaram, por Ti acabem*. Só então seremos de Cristo — toda a nossa vida será dEle — e as nossas ações todas terão o Senhor por princípio e fim.

A pureza de intenções não é senão presença de Deus: Deus Nosso Senhor presente em todas as nossas intenções. Como sentiremos livre o nosso coração de qualquer impedimento da terra, como teremos um olhar límpido, como será sobrenatural todo o nosso agir, quando Jesus Cristo reinar verdadeiramente no mundo da nossa intimidade e presidir a cada uma de nossas intenções! Então — deixa-me que te recorde — tua alma terá descoberto a fórmula simples e clara da santidade vivida no meio do mundo, da perfeição cristã procurada em todas as atividades da vida. Poderás santificar-te a todo o momento, porque tudo te conduzirá para Deus Nosso Senhor.

Pensa: o egoísmo e a sensualidade, o amor-próprio e o ressentimento não poderão anichar-se na tua alma, não poderão ser o móbil de tuas ações, porque Jesus Cristo, presente em tuas intenções, te protegerá de quaisquer ciladas, impedirá qualquer intervenção do inimigo da tua santidade — sempre pronto a semear joio às escondidas. Não existe joio nas almas que vivem na presença de Deus: nelas, tudo é bom trigo. E com a ajuda de Cristo — meta e razão do nosso viver — poderás afastar para longe de ti o sono que facilita a aproximação do inimigo: e tudo em ti será vigilância e atenção dirigidas à presença do Senhor.

Pureza de intenções: Cristo presente em nossas intenções... Uma vez neste caminho, aprenderemos também a viver a virtude da humildade, porque de todas as nossas obras e do nosso modo de agir sairá para Deus um protesto de humildade: *Non nobis, Domine, non nobis, sed nomini tuo da gloriam!* Não para mim, Senhor, não para mim, mas para o teu nome toda a glória.

Esta presença de Deus, serenamente procurada e tenazmente conservada, deve ser o segredo profundo e gozoso de cada um dos teus dias. *Dominus sit in itinere tuo*, que o Senhor esteja no teu caminho: as palavras com que Tobias abençoa o seu filho são verdadeiramente o que de mais belo posso desejar para a tua vida familiar, para a tua vida social, para a tua vida de estudo, para a tua vida profissional e mesmo para as tuas horas de distração ou de descanso.

E quanta segurança neste caminhar na presença de Deus! Que firmeza na luta e que segurança na vitória te dará o fato de te sentires seguido pelo olhar paternal de Deus! Quando a tentação se tornar mais forte, esta serena presença de Deus saberá converter-se em oração intensa, em petição ardente, num grito cheio de fé e de esperança, como o dos discípulos de Emaús: *Mane nobiscum, Domine, quoniam advesperascit!* Fica conosco, Senhor, porque está anoitecendo.

Vivendo na presença de Deus, aprenderás a exercitar-te naquela rara sabedoria que é o domínio de ti próprio, aprenderás a dominar-te e a vencer-te, e experimentarás a alegria de tornar agradável a vida de quantos te rodeiam.

E neste caminho, meu amigo, chegarás a uma grande intimidade com o Senhor: aprenderás a chamar o Senhor pelo seu nome Jesus e a amar muito o recolhimento. A dissipação, a frivolidade, a superficialidade e a tibieza desaparecerão da tua vida. Serás amigo de Deus; e no teu recolhimento, na tua intimidade, alegrar-te-ás ao considerar aquelas palavras da Escritura: *Falava Deus com Moisés cara a cara, como costuma falar um homem com o seu amigo.*

Pede à Santíssima Virgem, Mãe de Deus e nossa Mãe, que te ajude a formular um propósito, o propósito firme e generoso de caminhares, de hoje em diante — sempre —, na presença de Deus.

O PÃO DA VIDA

«Não vos acostumeis nunca a celebrar ou a assistir ao Santo Sacrifício: fazei-o, pelo contrário, com tanta devoção como se se tratasse da única Missa da vossa vida: sabendo que ali está sempre presente Cristo, Deus e Homem, Cabeça e Corpo, e, portanto, junto com Nosso Senhor, toda a sua Igreja.»

(Mons. Josemaria Escrivá, 28-III-1955)

Meu amigo, sabes muito bem que Eucaristia quer dizer *ação de graças*. E é exatamente esse o primeiro movimento espontâneo da alma que se detém a considerar, a meditar nesse mistério de fé que é o Sacramento do Amor.

As palavras que saem do coração, diante de Jesus Cristo presente na Eucaristia, são palavras de agradecimento: Graças, Senhor, por teres querido permanecer no tabernáculo. Graças, Senhor, por teres pensado em mim e em todos os homens — mesmo naqueles que te atraiçoaram e atraiçoam — na hora da perseguição e do abandono, na vigília da Paixão. Graças, Senhor, porque quiseste ser médico para as minhas doenças, força para as minhas fraquezas, e pão branco para a minha alma esfomeada, pão que dá a vida.

Tu e eu sabemos por experiência o bem que pode fazer a uma pessoa uma boa amizade: ajuda-a a comportar-se melhor, aproxima-a de Deus, mantém-na afastada do mal. E se a relação de amizade for, não já com uma pessoa boa, mas com um santo, seus bons efeitos se multiplicam: o convívio e a correspondência de sentimentos elevados com um santo deixarão no fundo de nós qualquer coisa da santidade desse homem: *cum sanctis, sanctus eris!*, com os santos, serás santo.

E agora pensa, meu amigo, no que será a amizade e a confidência com Jesus Cristo na Eucaristia. Que sulco abrirá em nossa alma! Amigo, teu Amigo, Ele — perfeito Deus e Homem perfeito —, que nasceu, trabalhou e chorou, que ficou na Eucaristia, que sofreu e morreu por nós! E... que amizade, que intimidade! Nutre-nos com seu corpo, dessedenta-nos com seu sangue: *Minha carne é verdadeira comida, meu sangue é verdadeira bebida.* Jesus Cristo oferece-se a cada um de nós, no mistério da Eucaristia, completamente, totalmente, em corpo, alma, sangue e divindade. E nesse momento de doação e de abandono a alma sente-se inclinada a repetir as palavras da parábola evangélica: *Omnia mea tua sunt*, tudo o que é meu é teu.

A Comunhão — e a Comunhão frequente — é verdadeiramente o caminho mais fácil e breve para chegarmos à transformação em Cristo, ao *Cristo vive verdadeiramente em mim*, de São Paulo. A tua alma precisa de Jesus, porque sem Ele não podes — não podemos — fazer nada: *Sine me nihil potestis facere*. Ele deseja vir todos os dias à tua alma: já o disse e diz novamente, com a parábola do grande festim: *vocavit muitos*, convidou muitos; e já o repetiu e repete novamente, no momento solene da instituição da Eucaristia: *Desejei ardentemente comer esta páscoa convosco*.

A tua alma e a minha precisam do Pão da Eucaristia porque precisam de se alimentar, como o corpo, para perseverarem com fidelidade e bom espírito no trabalho cotidiano, no seu esforço por santificar-se e progredir, cada dia mais, no conhecimento de Deus e na prática generosa das virtudes.

Deixa que te diga em confidência que a tua alma não pode alimentar-se e saciar-se fora de Deus. Tanta é a grandeza e a nobreza da alma em graça! Se pudéssemos representá-la, não teríamos olhos para mais nada no mundo. Pensa: a Fé — a nossa fé cristã, que dá luz à inteligência e serenidade ao coração —, ensina-nos que a alma foi criada à imagem e semelhança de Deus, que foi redimida pelo sangue de Jesus Cristo e que devemos alimentá-la com o seu corpo e sangue redentores.

Não te deixes seduzir por ideias falsas ou por uma falsa humildade: estado de graça, retidão de intenção... e, depois de teres escutado o conselho prudente do sacerdote, aproxima-te, inclusive todos os dias, da Santíssima Eucaristia.

A este propósito, gosto de repetir as palavras de Marta a Maria, quando Jesus — após a morte de Lázaro — se aproxima da casa amiga de Betânia: *O Mestre está cá e chama-te!* Escuta a sua chamada e aproxima-te: abeira-te deste mistério de fé com uma fé muito grande, com a fé da mãe cananeia e da hemorroíssa, ou, pelo menos, com o desejo humilde dos Apóstolos: *Adauge nobis fidem*, aumenta-nos a fé!

Aproxima-te com a esperança firme do leproso, e repete a Jesus suas palavras humildes e confiantes: *Si vis, potes me mundare!* Senhor, se quiseres, podes curar-me! E se nalgum momento te contrista a recordação das tuas misérias, podes dirigir-te a Jesus com as palavras do centurião: *Senhor, não sou digno;* mas acrescenta imediatamente aquilo que sabe acrescentar um homem simples, e saboreia a confiante esperança que se encerra no resto da frase: *mas dizei uma só palavra e a minha alma será curada.*

Aproxima-te com a caridade de Madalena em casa de Simão, o leproso. Desinteressa-te, como ela, de tudo o que te rodeia, e permanece a sós com Jesus, e cerca-o de teus cuidados, e oferece-lhe o fogo da tua alma e o fervor da tua vontade. E não te preocupes com respeitos humanos e falsas humildades. Ele está contigo, e ama-te.

Aproveita bem esses momentos da tua ação de graças: que o teu agradecimento seja como o hino entoado pelos Apóstolos no cenáculo depois da instituição da Eucaristia, enquanto abandonavam o recinto. E sai da igreja com o coração cheio de alegria e a alma cheia de otimismo. E renova muitas vezes durante o dia a tua resposta ao *desejei ardentemente* de Cristo: o teu desejo de o receber. A comunhão espiritual é alimento forte que alegra as almas eucarísticas.

Mater pulchrae dilectionis et agnitionis et sanctae spei. A Virgem é Mãe do Amor formoso e da Fé e da Esperança santa: pede-lhe que te ajude a progredir nestas virtudes, para que possas aproximar-te do Santíssimo Sacramento da Eucaristia com disposições interiores cada vez melhores.

ESTOU CONVOSCO TODOS OS DIAS

«Oração, que se expressa frequentemente num olhar: olhá-Lo e sentir-se olhado; outras vezes, em considerar a grandeza de Deus e a nossa pequenez; outras, em contar-lhe minuciosamente o que Ele sabe muito bem, aquilo que nos pode e nos deve afligir, que é glória sua, que não é interesse nosso, porque Ele está mais empenhado nisso do que nós.»

(Mons. Josemaria Escrivá, 29-IX-1957)

Orai, irmãos! Escuta e medita, meu amigo, nestas palavras que o sacerdote pronuncia durante a Missa, abrindo os braços em ato de caridade e com voz quase suplicante. Com as mesmas palavras, com o mesmo tom de súplica e com a força da convicção profunda que o Senhor depositou em minha alma sacerdotal, quero repetir-te ao ouvido nestes instantes de recolhimento: reza, meu amigo..., é preciso; meu irmão, faz oração! Protege e fomenta o teu espírito de oração.

Um dos maiores tesouros da Igreja, nossa Mãe, é a oração de seus filhos e de suas filhas. Ela conta com a oração para se fortalecer e crescer. Tem uma necessidade vital do silêncio e da atividade da tua oração. Procuremos, tu e eu, compenetrar-nos e embeber-nos deste sentido de responsabilidade; introduzamos na nossa vida, nos nossos afazeres cotidianos, um pouco de tempo para o dedicarmos à oração mental; e se já o fazemos, perseveremos no nosso propósito e melhoremos a nossa vida de oração.

Lembras-te daquela passagem da Sagrada Escritura em que se conta a terrível batalha travada entre o povo eleito e os amalecitas? Enquanto o exército hebreu combatia na planície, Moisés, o chefe de Israel, orava ao Senhor com os braços levantados; se estes se mantinham estendidos — se a sua oração a Deus era intensa e perseverante —, os homens de Israel venciam; se os braços de Moisés, vencidos pelo cansaço, se abaixavam, o povo de Deus recuava. Então — lembras-te? — os dois acompanhantes de Moisés fizeram-no sentar-se sobre uma pedra e sustiveram-lhe os braços até a vitória completa, ao triunfo definitivo.

Tu e eu precisamos nos persuadir mais e é o que fazemos neste momento da *necessidade* da nossa oração, para que a Igreja vença as suas batalhas, para que também nós possamos vencer as batalhas diárias da nossa vida interior. Esta convicção firmará e dará vigor aos nossos braços estendidos, à nossa vida de oração. A meditação frequente sobre a necessidade da oração nos levará espontaneamente a procurar, através de uma direção espiritual séria e periódica, a pessoa — o sacerdote — que possa suster com a sua palavra e o seu conselho o cansaço dos nossos braços estendidos, nos momentos de dificuldade e de aridez.

E nos levará a procurar que muitos outros braços se ergam em oração perseverante, e a manter estendidos, mediante um apostolado eficaz, os braços de muitas outras almas de oração. Escutemos de novo a voz da Igreja: *Orate, fratres!*, orai!... Agora o propósito de orar e de melhorar a vida de oração torna-se muito mais espontâneo em nossa alma.

Meu amigo, que a nossa oração seja concreta, sempre. Oração concreta é aquela que influi realmente na vida; aquela que enfrenta corajosamente os problemas e procura com decisão a luz de Cristo; aquela que evita ativamente a tendência inconsciente de manter abertas as feridas do amor-próprio; aquela que aceita a vontade de Deus e se esforça por cumpri-la com amor; aquela que penetra com a sua fertilidade silenciosa todos os recantos da alma e todos os momentos do dia; aquela que não se converte em frio estudo ou em oco e estéril sentimentalismo: aquela que extingue os protestos do amor-próprio e as picadas da inveja, do ciúme e do ressentimento.

Concretiza, meu amigo; concretiza na oração, nessa elevação da mente e do coração a Deus, para poderes adorá-lo, louvá-lo, dar-lhe graças e pedir-lhe luzes e força. Conheci almas desorientadas e diminuídas, vítimas da sua oração estéril, almas cuja oração estava desligada da vida: no início da jornada, metiam o Senhor num cantinho da sua alma, mas negavam-lhe qualquer intervenção no resto do dia: algo de parecido a essas Missas dominicais que pouco ou nada influem na vida de tantos e tantos cristãos.

Na oração concreta e fervorosa de cada dia, renovarás e reforçarás a tua tendência para a santidade: *In meditatione mea exardescit ignis*, na minha meditação ateia-se o fogo; conhecerás Jesus Cristo, e a sua doutrina se tornará familiar para ti, e avançarás também no conhecimento de ti próprio: *Noverim te, noverim me*, se eu Te conhecesse, conhecer-me-ia.

Com a oração te defenderás dos teus inimigos e vencerás as tuas lutas; a tua mão se armará e se cobrirá com a couraça de Cristo, segundo o convite do Apóstolo: *Revesti-vos de Nosso Senhor Jesus Cristo*. Na tua oração diária, descobrirás a razão do teu apostolado: «transmitir aos outros as coisas contempladas». Tudo o que disseres e aconselhares no teu apostolado de amizade e confidência trará o selo das coisas vividas e experimentadas, que é prova de eficácia e coerência.

A vida de oração deve ser protegida como se protege um tesouro; a Igreja precisa dela, porque é o fundamento seguro da nossa santidade pessoal, e porque a todos disse o Senhor: *Oportet semper orare*, é preciso orar sempre.

Estes são os inimigos reais da tua oração: a imaginação — a doida da casa — que te perturba e distrai com seus voos e seus volteios; os teus sentidos despertos e pouco mortificados; a ausência de preparação remota — se quiseres chamá-la de outro modo, chama-lhe dissipação —, que faz com que te encontres tão longe de Deus Nosso Senhor no começo da tua oração; o teu coração pouco mortificado..., pouco purificado, pouco desprendido das coisas da terra, que suja de barro as asas da tua alma e te impede de subir a uma maior intimidade com Deus; a tua falta de esforço e de autêntico interesse nos momentos em que permaneces a sós com o Senhor.

Antes de terminarmos, repete a Jesus, por intermédio da Virgem Maria, que é *Rosa mystica* e *Vas insigne devotionis*, Rosa mística e Vaso insigne de devoção, as palavras humildes e confiantes dos Apóstolos: *Domine, doce nos orare!*, Senhor, ensina-nos a orar.

A MORTE E A VIDA

«Um grande Amor nos espera no céu, sem traições, sem enganos: todo o amor, toda a beleza, toda a grandeza, toda a ciência ... e sem enjoar: saciar-nos-á sem saciar.»

(Mons. Josemaria Escrivá, 24-III-1931)

L embra-te, ó homem, de que és pó e em pó te tornarás. E o sacerdote, revestido do roxo da penitência, deposita na testa ou na cabeça dos fiéis um pouco de cinza.

A Igreja, esposa de Cristo, quer que os homens se lembrem da morte, que vivam cristãmente preparados para ela. Os filhos do mundo não querem saber da morte. Preferem que a morte seja para eles um inimigo implacável, oculto e desconhecido, uma visita inesperada, uma surpresa dolorosa. Por isso, apressam-se a enterrar o mais rapidamente possível, com os seus caros desaparecidos, qualquer pensamento ou lembrança da morte. E, no entanto, um dos fundamentos da grandeza do homem é exatamente esse conhecimento certo de que tem de morrer.

E o cristão sabe, além disso, que a morte é o preço do pecado: *pelo pecado entrou a morte.*

O cristão deve pensar na morte, deve meditar serenamente nessa verdade, até que se familiarize com ela; deve aprender a tratá-la como uma irmã cheia de luzes e de experiência, capaz de lhe dar os conselhos mais seguros e desinteressados. Vista assim, a morte, a morte cristã, a nossa boa irmã a morte — como lhe chamava o *Poverello* de Assis — nos revelará seu rosto sereno e não nos infundirá espanto nem medo, mas a mais consoladora das virtudes cristãs: a virtude da esperança. *Vita mutatur, non tollitur,* a vida muda-se, não nos é arrancada.

Ao considerar esta verdade, um sentimento de alegria desperta na alma cristã. Teus discípulos, Senhor, os que te amam e vivem — ou, pelo menos, querem viver, com sinceridade — para ti, sabem perfeitamente que a morte é o começo da Vida, o encontro contigo, o prêmio de seus esforços e a coroa de suas lutas. Teus discípulos, Senhor, estão familiarizados com as palavras que dizias aos Apóstolos, a propósito de suas vidas e do pouco tempo que lhes restava sobre a terra: *A vossa tristeza converter-se-á em alegria.* É exatamente isso: a tristeza do corpo converte-se em alegria da alma e do céu, quando se vive cristãmente e cristãmente se pensa na morte.

Não cubras a morte na tua imaginação enfermiça e pouco sobrenatural de panos negros e de flores murchas! Encara a morte com alegria, como uma conclusão maravilhosa da aventura cristã. Naquele momento, encontram-se e se abraçam — para sempre! — o filho e o Pai, o soldado valente e o Capitão, o enamorado e o Amor, o redimido e o Redentor, o servo bom e fiel e o Senhor justo e generoso, o atleta vitorioso e a Coroa: *Deus é sorte e coroa, é prêmio dos seus soldados.*

Para ti e para mim, meu amigo, *vivere Christus est*, a vida é Jesus Cristo — é o que nos diz São Paulo — *et mori lucrum*, e a morte é lucro. Além deste pensamento e sentimento de alegria, a lembrança da morte nos dá um maravilhoso sentido de desprendimento, ensina-nos a renunciar às coisas da terra.

Consideradas à luz da morte a nossa vida e as coisas que nos rodeiam, descobrimos a imensa sabedoria que existe em saber viver *como se não tivéssemos nada, mas possuindo tudo*. O que são, meu amigo, as riquezas, as honras, os prazeres? Coisas que nos escapam das mãos, como a água, e que não podemos levar conosco ao atravessarmos os umbrais da morte.

Desprendimento. Devemos viver de tal modo que as palavras do Anjo do Apocalipse: *Non erit amplius tempus* — acabou o tempo — nos encontrem com o coração e as mãos vazios de bens da terra e cumulados de Deus e de seus bens. Aprendamos a morrer, cada dia um pouco, por meio do desprendimento de tudo o que não é eterno. Sabes por que sofrem e se angustiam os homens quando chega a sua última hora? Porque, depois de terem vivido completamente esquecidos do *quotidie morior* — todos os dias morro —, veem-se obrigados a fazer em meia hora o que deveriam ter feito durante a vida inteira.

Como é duro e amargo semelhante desprendimento forçado, a que ninguém pode subtrair-se! ó *morte, como é amarga a tua lembrança para o homem que vive instalado nos seus bens!* Mas o cristão, a alma desprendida, morre saboreando a verdade daquelas palavras do Salmo: *Alegrei-me quando me foi dito: iremos para a casa do Senhor.*

Meu amigo, a morte nos ensina também a amar e a viver a verdade, porque é o momento da grande verdade. Que realismo e que amor à verdade não existirá na tua vida interior, se o pensamento da morte se tornar familiar à tua alma!

As ciladas do amor-próprio, as duplicidades da hipocrisia, os sentimentos ocultos da vingança, os pretextos da sensualidade, as injustiças e mentiras da vida e as ilusões da frivolidade não resistem à luz penetrante da morte. Nesse momento e para sempre serás aquilo que *és* na presença de Deus, sem nenhum recanto de trevas dentro do teu coração. Se queres que as mentiras, os logros, a duplicidade e a injustiça, que são, por sua vez, mentiras, deixem de dominar a tua vida interior e a tua vida de relação com os outros, medita na morte.

Sugiro-te uma norma de conduta: que pensarias desta pessoa, como julgarias aquela outra, como resolverias este grave problema, se estivesses para morrer hoje e, imediatamente depois, tivesses de prestar contas a Deus daquele juízo, daquela decisão? Ora bem, atua sempre como atuarias naquele momento. Pergunta-te sempre a ti mesmo: *Qual é o valor disto para a eternidade?*

Breve e caduca é a nossa vida, como as flores do campo — *sicut fios agri*, dizem as Escrituras — e como uma sombra que passa rapidamente: *Umbra quae transit est vita hominis*. Como empregamos, tu e eu, esta vida tão breve, esta migalha de tempo que temos para viver cá embaixo? Se nos chegasse agora o último momento, estaríamos satisfeitos com o uso feito do nosso tempo e dos dons recebidos de Deus?

Ensina-nos, Senhor, a contar os nossos dias, para que alcancemos a sabedoria do coração, aquela sabedoria pela qual nos convencemos de que apenas as boas obras e o serviço a Deus têm valor para a vida eterna.

Não sabemos «o dia nem a hora»; por isso devemos viver preparados, dispostos a dizer ao Senhor que aceitamos a morte, que a aceitamos quando Ele quiser, como quiser e onde quiser, na certeza de que o Senhor nos levará quando estivermos amadurecidos, quando a nossa alma tiver atingido aquele grau de santidade a que estava chamada. Vivamos intensamente, com uma santa ânsia de aproveitar bem o tempo e todas as ocasiões que se apresentem para nos santificarmos, e de dar a cada minuto da nossa vida um eco de eternidade.

Terminamos com o pensamento na Virgem, a Virgem da Dormição. Recorramos à Senhora da Boa Morte, para que nos conceda a graça de trabalharmos e vivermos pensando na morte, para podermos morrer pensando na Vida.

A CORREÇÃO FRATERNA

«Quando virdes um desvio num de vossos irmãos, um erro que possa significar um perigo para a sua vida ou um lastro para a sua eficácia, falai-lhe com clareza. E vo-lo agradecerá.»

(Mons. Josemaria Escrivá, 29-IX-1957)

O Evangelho de São Mateus contém uma passagem (18, 15), relativa à obrigação da correção fraterna, que não se pode ler sem experimentar um certo sentimento de surpresa e de pena.

Lá escutamos, com efeito, a voz amável de Cristo, que nos põe diante de um dever raramente vivido nos nossos dias, embora tão ávidos de franqueza e de sinceridade e tão desejosos de adotar a franqueza e a sinceridade como suas características inconfundíveis.

Não é que o dever da correção fraterna atinja a sua força e mergulhe as suas raízes na virtude da sinceridade; de fato, embora a virtude da sinceridade, como a da honestidade, contribua com alguma coisa de próprio para a prática deste preceito evangélico, é na caridade que ele se baseia diretamente.

E é exatamente à luz da caridade que a voz de Cristo se torna perfeitamente compreensível e que esse preceito evangélico nos aparece em toda a sua grandeza. É preciso amar o próximo e querer-lhe bem, querer o seu bem, sobretudo o seu bem eterno; por isso não permanecemos indiferentes nem encolhemos os ombros na presença de alguém que se encontra em perigo, que não tomou o caminho certo ou que não é como deveria e poderia ser; e pela mesma razão, por exemplo, evitamos cuidadosamente o «deixar o barco correr», quando vemos alguém na roda de nossos familiares ou conhecidos que está prestes a quebrar — ou já o fez a ordem e a harmonia da caridade. Nesta como em tantas outras ocasiões semelhantes, é a própria palavra de Cristo que nos obriga a não «deixar o barco correr». Ele nos diz: *Vai e corrige-o a sós. Se te ouvir, terás ganho o teu irmão.* Esta indicação tem a profundidade das coisas simples, a primaveril eficácia imediata dos programas concretos.

As páginas da Sagrada Escritura mostram-nos que houve um tempo em que Deus se servia dos profetas, almas cheias de fortaleza e de caridade, para dirigir uma advertência aos homens, mesmo aos soberanos, que se tivessem extraviado. E com que caridade e fidelidade souberam os profetas viver e cumprir o dever da correção fraterna! Pensa: nos nossos tempos, é porventura obra menos urgente de misericórdia espiritual admoestar aquele que erra, esclarecer o irmão que se encontra na ignorância, como se as palavras do Senhor — *Vai e corrige-o* — não encontrassem eco na consciência de quem observa à sua volta, perto de si, o mal, um mal que poderia ser evitado. Para

A CORREÇÃO FRATERNA

tantos de nós, hoje o «vizinho» já não é o *próximo* e o «outro» deixou de ser o *irmão*.

E, no entanto, sabes que, quando encontra um coração fiel e desejoso do bem próprio e dos outros, a palavra de Cristo penetra na alma como uma espada que quer ser empunhada, que reclama e exige poderosamente a ação. *Vai e corrige-o*: com seus preceitos e seus conselhos, o Evangelho adverte-nos constantemente que a vida é o tempo da ação — *tempus agendi* — e convida-nos a não introduzir um lapso de tempo — esse tempo que concedemos à nossa preguiça e ao nosso egoísmo — entre o pensamento serenamente amadurecido no raciocínio e no propósito, e a ação que o leva a cabo.

Pode acontecer que este preceito de Cristo soe aos ouvidos de alguns como uma ofensa, por uma estranha e muitas vezes exagerada sensibilidade para a liberdade e dignidade dos nossos semelhantes que o espírito da época contribuiu para formar nas consciências dos cristãos. Com efeito, o Senhor, ao instruir-nos acerca do dever da correção fraterna, pede-nos que *corrijamos*, isto é, que digamos na cara a uma pessoa alguma coisa que esta faz e que não está bem que faça. E que o digamos não como alguém que, cumprindo um dever desagradável, se escuda simpaticamente por detrás de expressões amáveis — «um embaixador não causa dissabores» — e com o seu comportamento pede desculpa e compreensão, e quase compaixão; mas com sentido de responsabilidade pessoal, assumindo pessoalmente todas as responsabilidades e arrostando todos os contratempos que das suas palavras possam derivar para o outro e para si. Esta simples consideração basta para compreendermos que o cumprimento deste preceito evangélico ultrapassa de longe o plano do espírito do mundo, das convenções sociais e da própria amizade que se baseie em critérios exclusivamente humanos.

Não se trata, obviamente — porque não só não ultrapassaríamos esse plano, como estaríamos abaixo dele —, de agredir seja quem for com maus modos e palavras duras pelo fato de uma pessoa, suponhamos, nos ter feito ou dito alguma coisa que nos contrariou, ou simplesmente ter lesado aquilo a que chamamos «os nossos interesses», esses interesses tantas vezes mascarados sob a expressão ambiciosa do nosso «bom nome».

Não se trata disso, evidentemente; agir desse modo não seria praticar o dever evangélico da correção fraterna, mas soltar as rédeas do amor-próprio, alentar o espírito de vingança e faltar de algum modo, mais ou menos gravemente, à caridade.

Quem vive com espírito cristão o preceito da correção fraterna não pensa nesse momento em si próprio, mas no outro, que precisamente por isso se tornou seu irmão. Não tem presentes os seus interesses pessoais, ou o seu bom nome, mas os interesses verdadeiros e o bom nome da outra pessoa. Põe de parte muitas coisas, mas sobretudo o seu amor-próprio. Esquece-se de pensar em si para se deixar absorver por completo pelo pensamento dos outros e do caminho que devem percorrer até se unirem ao Senhor. Se nos fosse dado penetrar na alma de quem cumpre o dever da correção fraterna segundo as palavras de Cristo, ficaríamos subjugados pela grandeza e pela harmonia de sentimentos que naquele momento ocupam o seu coração, ao dispor-se a cumprir o suave mandamento da caridade fraterna. Poderíamos ler nessa alma a firme delicadeza da caridade, a profundidade límpida de uma amizade que não recua ante um dever a cumprir, e a fortaleza cristã, que é sólida virtude cardeal.

O dever da correção fraterna recorda-nos que nem sempre o temor de desagradar aos outros é uma coisa boa. E apesar disso é grande o número daqueles que, para não desagradarem ou para não impressionarem uma pessoa que tenha entrado nos últimos dias e nos momentos extremos da sua existência terrena, lhe silenciam o seu estado real, causando-lhe desse modo um mal de dimensões incalculáveis. Mas é mais elevado o número daqueles que veem os seus amigos no erro ou no pecado, ou prestes a cair num e noutro, e permanecem mudos, e não mexem um dedo para lhes evitarem esses males. Poderíamos considerar amigo a quem se comportasse conosco desse modo? Certamente que não. E, no entanto, as pessoas à nossa volta adotam frequentemente essa atitude para não nos magoarem.

Com esse pretexto, podemos causar aos nossos amigos — ao nosso próximo — autênticos males; podemos tornar-nos responsáveis de graves culpas, e até, nalgumas ocasiões, de *cumplicidade*. Isto para não falarmos do fato, tão frequente, de, ao mesmo tempo que nos «dispensamos» da correção pensando que os outros — os nossos amigos — se magoariam com as nossas advertências sinceras, honestas e delicadas, formularmos sobre eles juízos que certamente não os honram e que, de um modo ou de outro, não são cristãos.

A obrigação da correção fraterna deve ser cumprida em determinadas formas e circunstâncias. Com efeito, ao indicar «vai e corrige-o», o Senhor precisa: *a sós*. É fascinante esta advertência, este convite à delicadeza, ao tato, à amizade. Recorda imediatamente muitas virtudes cristãs: em primeiro lugar, a caridade, que é a que nos move a falar, desatando ou refreando a língua, conforme as circunstâncias; depois, a prudência cristã, que já foi chamada, com uma imagem moderna e eficaz, «o conselho de administração da caridade»; a humildade, que, porventura mais do que nenhuma outra virtude, nos ensina a encontrar a palavra justa e os modos que não ofendem, recordando-nos que também nós precisamos de muitas advertências; a fortaleza de ânimo e a honestidade, pelas quais se reconhece o homem verdadeiro e o cristão autêntico. *A sós:* eis um segredo para a prática do bem, uma prova de amizade sincera, uma garantia de fidelidade e de lealdade.

Falar é uma coisa, criticar é outra. Criticar, dizer mal de uma pessoa na presença de outras, ou contar aos outros o mal que, em nossa opinião, outros fazem, é faltar à caridade e não raras vezes à justiça. Fazer notar a uma pessoa o mal que faz, advertir delicadamente aquele nosso irmão para que se corrija, é observar o preceito do Senhor e realizar um ato de caridade, dando uma prova de amizade verdadeira e cristã. Quando nos sintamos inclinados a falar mal de alguém, procuremos, com a graça de Deus, dominar-nos e formular o propósito de advertir essa pessoa, se for caso disso, de acordo com os critérios que devem sempre presidir à moralidade das nossas ações.

Mas ao dever de *falar* corresponde, naturalmente, a obrigação de *escutar*. Quem não escuta priva-se voluntariamente desta ajuda, inutiliza um direito que lhe assiste: o direito, baseado na caridade, de ser advertido, de ser corrigido, de ser, em última análise, eficazmente ajudado. Como é triste não prestar ouvidos, sermos conhecidos por todos como pessoas a quem não se pode dizer nada, como cristãos — de nome — que rejeitam soberbamente qualquer ajuda dos outros. O amor-próprio separa-nos, distancia-nos dos outros; estabelece-nos na solidão. Reduz-nos àquela trágica condição, tão tristemente lamentada na Escritura: *Infeliz do que se acha só, porque, quando cair, não encontrará quem o levante.*

É por isso que o Senhor, depois de ter sancionado como obrigatória a correção fraterna, sublinha: *Se te escutar, ganhaste o teu irmão.* Com efeito, não há dúvida de que, quando se escuta nestas circunstâncias, surge sempre uma amizade viva e cristã, ou se consolida e se torna ainda mais profunda e autêntica a amizade já existente. As advertências que se escutam, se aceitam e se agradecem são sempre vínculos de união que elevam qualquer amizade ao nível da amizade cristã. Ganhar e sermos ganhos deste modo pelos outros significa animar com o sopro do espírito evangélico as relações e as amizades.

Quando escutamos alguém que nos procura movido por este espírito evangélico, por esta caridade cristã, exercitamo-nos sobretudo na virtude da humildade: nenhuma outra virtude prepara tão bem a inteligência para a verdade e o coração para a paz. Com a verdade e a paz ser-nos-á mais fácil retificar, mediante a ajuda de *Deus*, os nossos caminhos, e aplainar o trajeto da nossa vida moral. Destas disposições interiores brotará em breve um sentido de viva gratidão por aquele nosso irmão que toma tão a peito os nossos problemas e a retidão da nossa vida; e aí estão outros liames novos para uma nova amizade, feita de leal sinceridade e de gratidão cordial.

Devemos acrescentar, pois, ao elenco das interrogações que formulamos à hora do nosso exame de consciência diário, uma que nos pergunte sobre o dever da correção fraterna. Ponhamos as nossas amizades ao amparo deste doce mandamento do Senhor, para que sejam sempre mais verdadeiras e mais cristãs.

O PERIGO DAS COISAS BOAS

«O bem sobrenatural de um só é melhor que o bem natural do universo inteiro (S. Th. I. 11. q. 113, a. 9 ad 2). É preciso pedir a Deus que ponha sempre em nossa inteligência essa fé e essa visão sobrenatural, que dá hierarquia objetiva às nossas ideias e aos nossos afetos e às nossas obras. É preciso pedir esse critério, porque é um dom de Deus.»

(Mons. Josemaria Escrivá, 24-III-1931)

Nas Missas dos Domingos depois do Pentecostes, são frequentes as passagens tiradas do Evangelho de São Lucas. Uma dessas passagens, a do segundo Domingo depois do Pentecostes, convida-nos a meditar na parábola do grande banquete (Lc 14, 15). É consolador escutar dos lábios de Jesus palavras como jantar, convites, convidados... São palavras familiares: o fato de se repetirem diariamente nos induz a aproximar-nos com espírito de simplicidade, mas com um vivo desejo de penetração, desta página misteriosa.

Como fizemos ao longo destas considerações sobre pontos de ascética, procuraremos tornar o mais transparente possível o véu que encobre, em cada palavra do Senhor, a sua beleza simples e profunda: propósito a que nos parecem encorajar, na mesma página do Evangelho, as palavras de Cristo: *Qui potest capere, capiat*, quem puder compreender, compreenda.

É um convite a empregar-nos a fundo, a empenhar toda a atenção da nossa mente e todo o impulso do coração; mas, ao mesmo tempo, é um aviso, porque sempre, para as almas espiritualmente sensíveis, as palavras do Senhor têm um acento de desafio, perspectivas de risco: desafio para esforços novos, mais onerosos, e risco de ulteriores atividades espirituais e apostólicas a enfrentar, para uma vida mais fecunda e, em última análise, muito mais alegre e mais serena.

O grande banquete de que se fala na passagem do Evangelho de São Lucas é a redenção de Cristo; na parábola, simples e familiar, figuram-se os méritos infinitos de Cristo, Senhor nosso. O banquete é «grande», porque a redenção é abundante: *copiosa apud Eum redemptio*. Os convites, delicados e urgentes, dirigidos a todos — *vocavit muitos* —, são chamadas dirigidas a cada homem para que queira participar dos efeitos da Redenção, viver de modo a beneficiar da aplicação dos méritos infinitos do Redentor. O grande banquete é para nós: para ti e para mim. Os méritos infinitos de Cristo serão nossos se sinceramente os quisermos: cada um de nós pode olhar para o Redentor e repetir as comovidas palavras de São Paulo: *Amou-me e deu-se a si mesmo por mim.*

Na parábola do grande banquete — é reconfortante observá-lo — para não nos constranger (sabendo-nos convidados à mesa de um Rei cuja presença poderia retrair-nos e deixar-nos pouco à vontade), o Senhor se refere a si próprio com um nome genérico e familiar que, longe de despertar um sentimento de timidez, convida à intimidade e à amizade; refere-se a si próprio como *homo quidam*, um certo homem, um dos nossos. Com efeito, fomos chamados e convidados por Aquele que se chama a si próprio *Filius hominis*, o Filho do Homem, o Filho de Deus feito homem; por aquele que, por amor dos homens, *aniquilou-se a si mesmo, tomando a forma de servo*.

Desvendado o sentido da parábola, é sem dúvida com gosto que escutamos o convite dirigido a todos nós — *ut venirent*, que venham —, e o nosso coração se enche de confiança ao observar que a pessoa que nos convidou preparou tudo com minúcia *quia iam parata sunt omnia:* está tudo preparado. Ser-nos-á, portanto, muito fácil aceitar o convite e pôr-nos a caminho, amparados pela sua força e pela sua graça.

Mas ficamos perplexos, e não pouco, ao escutarmos as palavras dos convidados, ao percebermos que todos têm uma mesma, embora gentil, resposta negativa a dar aos mensageiros de quem os convida: *Peço-te que me dispenses*. Mas, se nos detivermos a ponderar as desculpas aduzidas para justificarem a sua ausência, talvez nós mesmos sejamos levados a acolher e a considerar como boas as razões invocadas.

Parece-nos razoável, por exemplo, a desculpa do primeiro: *Comprei um campo, e preciso ir vê-lo*. Também nos parece razoável, embora um pouco menos, a explicação do segundo: *Comprei cinco juntas de bois e vou experimentá-las*. E parece-nos ótimo o motivo invocado pelo terceiro: *Casei-me e por isso não posso comparecer*.

Neste ponto, ficamos com a impressão de que o véu se faz menos transparente, e até se toma pesado e opaco; depois de, no fundo, termos simpatizado com os que se desculparam, por termos considerado válidas as suas explicações, presenciamos a ira do pai de família e escutamos a severa condenação que pronuncia contra eles: *Digo-vos que nenhum dos que foram convidados tomará parte no meu banquete.* Neste ponto — repito — ficamos momentaneamente surpreendidos e tentados a ver uma certa desproporção entre a recusa dos convidados, motivada por razões aparentemente válidas e comunicada em termos polidos e gentis, e a ira e a severa condenação de quem lhes dirigiu o convite.

Mas a surpresa desaparece e o véu da parábola retorna à sua transparência mal retomamos o fio das nossas considerações: o grande banquete é a salvação eterna de cada homem, de cada convidado. Ora, o problema da nossa salvação eterna é um problema imenso, ameaçado por inúmeros e graves perigos. Para nos darmos conta de que é assim, basta pensar na desordem introduzida em todos nós pelo pecado original, que nos leva com tanta facilidade a fazer mau uso das coisas boas.

A parábola de Cristo convida-nos precisamente a este raciocínio, a esta reflexão: as escusas apresentadas pelos convidados são verdadeiras — nenhum deles mentia; desculpam-se com modos polidos e gentis; as ocupações que os prendem — são todas boas. Mas, não obstante, isso não impede que sacrifiquem o principal ao secundário, que tenham comprometido precipitadamente e posto em perigo a sua salvação eterna, figurada no grande festim.

E é isto precisamente o que a parábola pretende denunciar: o perigo inerente às coisas boas, quando nos absorvem de tal modo que acabam por afastar-nos de Deus; o perigo de que as coisas boas, não usadas do modo, no tempo e na medida devidos, nos façam abandonar os deveres de piedade e os planos de apostolado, comprometendo a união da nossa alma com

O PERIGO DAS COISAS BOAS

Deus e, talvez, com o decorrer do tempo, extinguindo em nós por completo qualquer sentimento de Deus.

Foi dito, e com razão, que muita gente se dedica à política, à arte, à cultura, à indústria, ao comércio, mas poucos se empenham a sério na sua própria santificação, na salvação da sua alma, no «grande negócio» da sua salvação eterna. Repara bem: estas atividades — a política, a cultura, o comércio — não são más em si mesmas, podem ser boas e ótimas. É o homem que às vezes não sabe realizá-las de modo a que sejam úteis à sua salvação, ao seu último fim; e, como os convidados relutantes do grande banquete, permanece vítima das coisas boas. «A abnegação deitou-me a perder», gritava desnorteada uma destas almas mergulhadas em coisas e obras boas; é um aflitivo grito de advertência.

Todos nós somos continuamente assediados por esta fácil tentação-fácil de suscitar, difícil de afastar: a tentação de relegar para o último lugar o problema e os deveres da nossa vida cristã, de nos dedicarmos a eles quando tivermos *tempo* e *disposição*. O nosso juízo, muito pouco profundo, muito pouco sobrenatural, vacila com facilidade e acaba por considerar os deveres relativos ao nosso fim último apenas como *um entre muitos*, e não como irrevogável dever de estado próprio do nosso dever de cristãos e como nosso supremo interesse.

E isso é uma grave irreflexão e imprudência: a nossa mente, ligeira e superficial, faz os seus cálculos precipitados e tece os seus laboriosos silogismos, eliminando das premissas a eternidade e a salvação da alma. As grandes advertências evangélicas — *na verdade, uma só coisa é necessária... de que serve ao homem...? vigiai* etc. — não exercem nenhuma influência, ou quase nenhuma, na formulação dos nossos juízos e no enquadramento dos nossos problemas.

Se o nosso juízo vacila com frequência, a nossa vontade, com a mesma frequência, não fica aquém: e a superficialidade e a precipitação dos nossos juízos cruzam-se com as contradições da nossa vida cristã, isto é, com as *omissões* e as *negligências*. Cada cristão deveria considerar com empenho e profundidade, todas as noites, as omissões e as negligências registradas nesse dia em função do seu último fim: não para desanimar, mas para abrir o caminho. Quem, como nós, está profundamente empenhado na vida, deveria saber realizar todos os dias aquela síntese de todos os deveres que o próprio Deus lhe sugere — *importa fazer estas coisas, mas não omitir aquelas* —, de tal modo que nenhum fique descuidado ou seja injustamente suplantado.

Precisamos de um juízo profundamente cristão, sereno e equilibrado, de um juízo que, aberto à eternidade e sem perder de vista o nosso fim último, nos dê a verdadeira medida e proporção das coisas; e de uma vontade reta e decidida, que caminhe paralelamente a esse juízo, que saiba evitar as omissões e corrigir generosamente as negligências.

Esta, não outra, é a estrada que devemos seguir para passar através dos bens temporais e usá-los retamente, sem perdermos de vista e sem perdermos para sempre os bens eternos. E esta é a oração que a Igreja dirige com frequência ao Senhor no tempo depois do Pentecostes. Oração que também nós dirigimos ao Senhor, por intermédio dAquela que é a medianeira de todas as graças.

O JOIO E O TRIGO

«Divina pedagogia das parábolas! Luminosas e claras, para as almas simples; ininteligíveis, para os complicados e indóceis: por isso os fariseus não as entendem. O semeador, o campo, o inimigo, o joio... Aproxima-te mais de Cristo e diz-Lhe que te explique a parábola — *edissere nobis parabolam* — na intimidade da tua oração."

(Mons. Josemaria Escrivá, 24-III-1931)

Relendo a passagem do joio no campo, feriram-me particularmente algumas palavras do Senhor: *Quando o trigo cresceu e deu fruto apareceu também o joio.* O homem bom tinha semeado no seu campo a boa semente, quando o inimigo apareceu às escondidas e lançou o joio no meio do trigo.

Na nossa meditação na presença do Senhor, vamos deter-nos nas poucas palavras acima citadas; passaremos a considerar como em nossa alma o mal desponta sobre o próprio bem e por entre o bem.

Aquelas breves palavras constituem uma advertência, e convidam-nos a estar atentos, a vigiar, para que não suceda que transformemos em mal o bem que está em nós, o bem que já realizamos ou que estamos realizando, ou o anulemos com o mal que sobrevém.

As palavras de Jesus exprimem uma realidade de que temos experiência íntima e pessoal. Na nossa alma e na nossa vida, como no campo da parábola, o mal desponta sobre o bem e por entre o bem. E devemos empregar-nos tenazmente, com espírito de vigilância, para que o mal em nós não destrua, diminua ou corrompa o bem. Penetremos, à luz da doutrina ascética, na nossa experiência pessoal — experiência de cristãos que desejam viver cristãmente —, para ver como se repete na nossa vida a dolorosa realidade figurada na parábola.

Para começar, prestemos atenção a um exemplo tirado do Evangelho. Dois homens dirigem-se ao templo para orar: a oração é a boa semente, o bem, um bem elevadíssimo, adoração da criatura ao Criador, conversa do filho com seu Pai. Mas eis que, na oração de um daqueles homens, desperta o mal do orgulho, da auto-complacência e do desprezo dos outros; sobre o bem, e do meio do bem, desponta o mal. Entre a boa semente, o joio. *O fariseu, conservando-se de pé, orava assim no seu interior: dou-te graças, meus Deus, porque não sou como os outros homens.*

Embora sempre dentro da ordem das virtudes, não é raro observarmos que no terreno grande e belo da castidade desponta às vezes o mal do orgulho e do desprezo dos outros. E também não é raro — a nossa experiência pessoal nos dá uma boa prova disso — vermos despontar o mesmo mal do desprezo dos outros no terreno de uma vida honesta e sacrificada.

Ninguém duvida de que o jejum é um bem, até um grande bem, embora um pouco esquecido nos nossos dias. *É bem aceita a oração com jejum.* E, no entanto, o Senhor aconselha-nos a estarmos vigilantes, para que, no meio de um bem que é o sacrifício, não brote o mal da vaidade, que anula aquele bem porque o vaidoso apenas receberá em recompensa se chegar a recebê-la a ridícula mercê da admiração humana que tolamente procura. Para que aquele bem não faça despontar este mal, o Senhor nos adverte: *Quando jejuares, lava o teu rosto e perfuma a tua cabeça,* isto é, vigia a retidão da tua intenção, para que o bem que realizas não seja abafado e destruído pelo mal que sobrevém com o desabrochar da vaidade.

Não é de natureza diferente o joio que cresce quase inadvertidamente sobre os dons de natureza ou de graça, e sobre o bem da eficácia que estes dons nos facultam, quando nos convencemos e afirmamos com complacência que esses dons são nossos, recusando-nos a admitir que os recebemos de Deus. Para esconjurarmos o perigo deste joio, o Apóstolo dos gentios nos adverte com uma pergunta: *Que tens que não tenhas recebido?*

Todos sabemos que, no campo sobrenatural, não existe nada de superior à caridade. Mas, mesmo no caso desta virtude, que é a rainha das virtudes, o mal pode lançar as suas raízes. Com efeito, para que seja e se mantenha autêntica, a caridade deve ser ordenada. A sua hierarquia impõe antes de mais nada que amemos a Deus sobre todas as coisas, e depois que amemos ordenadamente as pessoas — o próximo — segundo a sua proximidade em relação a Deus, por um lado, e em relação a nós mesmos, por outro. Alterar esta hierarquia e ordem é o mesmo que deixar de amar reta e cristãmente; significa que o mal do egoísmo despontou no terreno da caridade.

Amar os outros significa querer o seu bem, isto é, querer o seu bem sobrenatural. Neste ponto, não é raro ver despontar o joio por entre a caridade dos cristãos: convencem-se de que querem o bem das pessoas a quem dizem amar e de quem pretendem ser amadas quando lhes dão bens que não o são verdadeiramente, porque se opõem ao seu verdadeiro bem. Quantas vezes se oferece como amor o que não é amor, mas puro egoísmo, e às vezes refinado egoísmo! Nestes casos, não amamos os outros por Deus e por eles mesmos, mas apenas por nós. E isso é também um mal, o mal do egoísmo, que desponta sobre o bem da caridade, abafando-o e destruindo-o.

Ninguém duvida de que a atividade realizada em vista do bem das almas, o apostolado, é um grande bem. Mas se essa atividade, por mais santa e boa que seja, nos leva a omitir a oração, ou a desleixar-nos na vida de piedade, ou a esquecer os nossos deveres de estado, cedo ou tarde se transforma em joio, em joio que brota precisamente do meio do bom trigo de Cristo.

Quando escrevemos mais acima sobre o «perigo das coisas boas», referimos a queixa aflitiva de uma alma que tinha reparado tarde demais no joio que havia crescido por entre o trigo; ao ver o campo da sua alma invadido pelo joio, exclamava: «A abnegação deitou-me a perder». E é aqui que intervém a palavra de Cristo à irmã de Maria de Betânia, para nos precaver: *Marta, Marta... desvelas-te e te preocupas com muitas coisas; mas, na verdade, uma só coisa é necessária.*

Mas há ainda outro caso — quando o amor pelas almas passa de *discreto* a *indiscreto* ou *amargo* — em que assistimos ao despontar de um mal no meio do bem, ao germinar do joio por entre a boa semente. A este propósito, podemos evocar as palavras com que o Senhor refreia a impaciência daqueles seus dois discípulos que eram conhecidos por «filhos do trovão» — que desejavam fazer descer fogo do céu para castigo dos habitantes de uma cidade que não tinha acolhido imediatamente a boa nova do Evangelho. Naquela ocasião, o Filho do homem dirigiu aos dois discípulos excessivamente zelosos estas palavras: *Não sabeis de que espírito sois*.

Com efeito, acontece-nos às vezes, em primeiro lugar, que não cumprimos o nosso dever, e depois que, possuídos por um espírito de desagravo a Deus e por um fervor que excede o justo limite, queremos fazer mais do que devemos. A mesma conclusão parece deduzir-se da parábola do joio, em que os operários começam por faltar ao seu dever, adormecendo, e depois querem ir muito mais longe, arrancando o joio antes de tempo. Então o dono do campo tem estas palavras de sabedoria e moderação: *Esperai até à ceifa*.

E assim como o mal pode crescer no meio do bem — se os homens não estiverem realmente vigilantes —, do mesmo modo o amor pela verdade e pelo bem pode infelizmente transformar-se em fanatismo e espírito de casta quando, não retamente iluminados e pouco caritativamente dispostos em relação aos outros, não sabemos distinguir praticamente entre o pecado e o pecador, entre o erro e os que erram. E pode também acontecer, uma vez situados nesta perigosa vertente, que homens consagrados ao bem atuem e se comportem como se o bem deixasse de o ser, quando não tenha sido feito por eles mesmos.

A *espiritualidade* é certamente uma coisa boa, e até ótima. Porém, se o homem se esquece de que não é apenas espírito, mas também matéria, se persuade-se de que é apenas anjo, torna-se rapidamente — em consequência da soberba que o desvia do seu verdadeiro estado — um anjo rebelde. Então as consequências são trágicas: *Vi Lúcifer caindo do céu como um raio*. E a queda precipitada desses homens que se tinham colocado soberbamente numa altura que não lhes pertencia nem podia nunca pertencer-lhes, é de tal modo vertiginosa que lembra a do primeiro anjo rebelde e decaído. Quantos exemplos deste gênero na história da humanidade! E, no entanto, nunca acabamos de aprender a lição.

Não é preciso recordar como é santo e necessário à santificação pessoal e à realização do bem comum que os súditos observem uma atitude de obsequioso respeito diante dos seus superiores; mas se esse respeito, santo e obrigatório, se converte em *servilismo*, já não estamos em face de um bem. Despontou um mal, um mal que impede precisamente que os súditos possam servir retamente os seus superiores. O servilismo desnatura a relação de submissão, porque priva o súdito da lealdade e da sinceridade. Põe-no abaixo da sua dignidade de pessoa humana, impede-o de prestar ao superior qualquer serviço verdadeiro e reto.

O mesmo acontece no campo da obediência, quando mal entendida; pode suprimir o espírito de iniciativa e o sentido de responsabilidade pessoal, deformando-se e degenerando em preguiça e comodismo. Mais uma vez nos encontramos em face de males que surgem do bem e do meio do bem. Não é mais do que uma repetição da parábola do joio e do trigo, na intimidade de nossas almas, na concreta realidade de nossas vidas.

E o mesmo se passa quando o amor pela Igreja se transforma, por uma orgulhosa impaciência ante as sombras humanas entrevistas no rosto da Esposa de Cristo, em escândalo farisaico que desconhece o Mistério da Igreja. Os bons filhos da Igreja — aqueles que a consideram *Sancta Mater Ecclesia* — nunca pretendem substituir a sabedoria de Deus pelos seus pontos de vista pessoais, e é por isso que, enquanto adoram os desígnios de Deus, penetram tanto quanto é possível a um homem no Mistério da Igreja.

Poderíamos continuar a enumerar os exemplos; mas o que se disse é suficiente para nos fazer compreender que a parábola nos ensina algo de muito relacionado com a nossa alma; o mal nasce frequentemente sobre o bem e do meio do bem, como o joio cresce no meio do trigo. Terminemos extraindo da parábola dois conselhos, para evitarmos que o mal sufoque e mate o bem na nossa alma e na nossa vida.

Em primeiro lugar, o convite do Senhor à *vigilância*, para evitarmos aquilo que, na parábola, foi a origem de todo o mal: ... *enquanto os homens dormiam:* o sono, a distração, a negligência, que favorecem a ação do homem inimigo e o nascimento do mal, tanto mais que o inimigo *não dorme;* quanto mais um homem se consagra ao bem, tanto mais o inimigo se lança insidiosamente sobre ele. *Qui stat* — adverte-nos a Escritura — *caveat ne cadat;* quem se conserva de pé, esteja atento para não cair. *Cadunt cedri de Libano*, previne-nos a Bíblia; os próprios cedros do Líbano caem.

O segundo conselho de Cristo diz respeito à *paciência*, conosco e com os outros. *Na paciência possuireis as vossas almas.* E noutra passagem do Evangelho, o Senhor insiste: o preço último da nossa santidade é a paciência, na qual dá fruto a palavra de Deus: *fructum afferunt in patientia.* Paciência que é sempre humildade, e sabedoria, e vontade humilde de não substituirmos nunca os planos de Deus pelos nossos planos.

NA LUZ DE BELÉM

«Este é o modo divino de fazer as coisas: uma primeiro e outra depois, guiando os passos, utilizando causas segundas, mediações humanas.»

(Mons. Josemaria Escrivá, 25-I-1961)

Todos os mistérios da vida de Cristo são mistérios de amor; o próprio nascimento do Filho de Deus é um mistério de amor. Só a onipotência divina posta a serviço de um amor infinito por nós, homens, poderia ter encontrado um meio tão admirável de realizar a antiga promessa. E, na realidade, este Deus feito criança é um mistério de amor: a onipotência reduzida à extrema impotência. O Senhor dos céus e da terra não tem um berço onde ser colocado; um curral é o palácio do Filho de Davi, um presépio foi o trono do Filho de Deus.

Hoje que o nosso olhar humano se perde no mistério do Deus-menino, procuremos concentrar a fundo a mente e o coração para compreendermos o valor e a necessidade de uma verdadeira vida de infância espiritual. Na sua vida pública, quando indicar o único caminho que conduz com segurança ao Reino sem fim, Jesus dirá estas palavras simplicíssimas: *Se não vos fizerdes como crianças, não entrareis no reino dos céus.* Este é o único preço que nos permitirá com certeza participar do espetáculo eterno da glória, da beleza e da harmonia de Deus. E é um preço tão inacessível aos soberbos quanto está ao alcance dos humildes e de todos os que se tornam, com esforço, homens de boa vontade.

Qual de nós não se compenetra, nesta noite de Natal, da necessidade de um esforço de simplificação interior que nos torne como o Deus-menino nos quer, *sicut parvuli*, como crianças? Sobretudo se nos contemplamos imersos num mundo como o de hoje, onde é tão fácil envelhecer espiritualmente e até morrer, embora se seja jovem nos anos, na pele e nas veias. Quantos jovens e adultos conhecemos, que são espiritualmente velhos! Quantas pessoas de alma complicada e fechada como um labirinto, e com um coração em perene frenesi e confusão!

O Natal é a hora da simplicidade, é a altura do renascimento e da infância espiritual. É preciso aproveitar esta ocasião e aprender a tirar os ensinamentos desta hora em que Cristo se aproximou dos pequenos e conversou com os pequenos. Só um olhar simples e límpido poderá fazer-nos penetrar com alegria e fruto no desenvolvimento do mistério segundo a narrativa evangélica.

O acontecimento mais sublime da história da humanidade realiza-se com uma extrema simplicidade: um fato inteiramente sobrenatural se verifica de um modo inteiramente natural. O edito de um imperador pagão, César Augusto, que impõe o recenseamento universal, conduz Maria e José a Belém. Eles não são poupados à aspereza de uma viagem incômoda, tendo por únicos companheiros fiéis o frio e as privações.

A ação de Deus no mundo e as obras da Providência divina no governo da vida humana escapam à consideração dos homens e às crônicas de sociedade, quando os homens que deveriam ver, compreender e contar, não possuem um coração simples que lhes permita penetrar nos segredos da vida da fé.

Habituados como estamos a procurar novidades extravagantes e a desejar sobretudo as coisas que chamam a atenção ou causam espetáculo, não conseguimos compreender como a predileção do Senhor vai para as coisas simples e ordinárias. Havia tantos outros meios de conduzir Maria e José a Belém! Mas a Providência de Deus serve-se do mais simples e ordinário, e escolhe o que não era certamente o mais cômodo para José e para Maria, *que estava grávida*. A lição é para nós, homens do século XX, em perene expectativa de coisas extraordinárias e maravilhosas, sempre sedentos de novas e atordoantes formas de comodidade.

A viagem de Maria e José a Belém é simples, humilde e sem espetáculo. Mas não o é menos o próprio nascimento do Filho de Deus, que se verifica na humildade e na pobreza de uma gruta, no coração do frio e do silêncio de uma noite: *enquanto o silêncio envolvia todas as coisas*. Não se pode dizer certamente que o silêncio e a solidão sejam companheiros gratos e habituais da nossa vida. As zonas de silêncio são poucas e raras no nosso dia a dia. A luta contra os rumores interiores, da alma, é-nos praticamente desconhecida. E a solidão, devemos confessá-lo francamente, incute medo a mais de um, e frequentemente é sinônimo de abatimento e de profundo tédio.

A pobreza do nascimento do Filho de Deus é tão absoluta que se torna grandiosa, e ao mesmo tempo tão simples que beira a poesia. Aquele que veste de flores os campos e as plantas mal tem com que cobrir a sua nudez. Fecharam-se tantas portas quantas as que não se abriram; inutilmente vaguearam os dois peregrinos à busca de um teto onde pernoitar. *Não havia lugar para eles na estalagem.*

Uma gruta, uma manjedoura, palha, animais: o asno e o boi. Foi este o lugar, foi este o momento escolhido pela Providência para dar início à era cristã. E enquanto lá estavam, *cumpriram-se os dias,* diz o texto evangélico na sua sublime simplicidade, e com eles a grande promessa: *E deu à luz o seu primogênito e envolveu-o em panos e reclinou-o no presépio.* A cena se completa: Maria, Mãe de Deus; José, pai adotivo de Jesus; e o recém-nascido, Rei dos judeus, reclinado numa manjedoura. Tudo é simples e pobre. Uma mãe pobre, um homem justo, panos pobres, uma criança, uma gruta, uma manjedoura. Estarmos no coração do inverno e vai alta a noite.

Quando contemplamos em Belém toda esta pobreza e nos lembramos de que o Menino recém-nascido é a Luz do mundo, interrogamo-nos espontaneamente se até agora não teremos esquecido ou, pelo menos, compreendido insuficientemente que a virtude da pobreza é necessária à nossa vida cristã, e que sem ela não se pode entrar no reino dos céus.

Quem de nós se limita ao necessário e sabe viver verdadeiramente com esse necessário? Quem há hoje em dia que saiba traçar com sabedoria cristã e com consciência delicada o limite entre o necessário e o supérfluo para a sua vida pessoal, e manter-se com coragem e com sacrifício dentro dessa linha?

Mas quantos são os que se excedem e vivem, perdulariamente, no supérfluo? O desejo do supérfluo, o *cada vez mais* em relação aos bens deste mundo, é infelizmente a norma de vida e a medida do coração de muitos homens, que parecem não ter visto nascer a luz de Belém. E são tão poucos os que se lembram e vivem um outro preceito do Senhor: *O que vos sobrar, dai-o aos pobres!*

O limite entre o necessário e o supérfluo é violado continuamente na mentalidade, nos desejos e na vida de muitos cristãos. E nessa mesma medida se afastam desses corações a serenidade e a alegria. Sempre novas necessidades, e ânsias sempre novas de possuir, de gozar. E quando se possui e se goza, sobrevêm, necessariamente, a desilusão e o desconforto: encontramo-nos com o coração seco e as mãos vazias. Mas a corrida recomeça outra vez, no mesmo sentido e sempre atrás dos mesmos objetivos.

Se nos detivermos um instante diante da gruta de Belém, compreenderemos a virtude do desprendimento — a pobreza afetiva e, na medida conveniente a cada um, efetiva — e poderemos saborear a bem-aventurança da pobreza: *Bem-aventurados os que têm espírito de pobreza, porque deles é o reino dos Céus.* O desprendimento do coração relativamente aos bens da terra inunda a alma de paz e ensina a usar bem das riquezas, quando se possuem, desenvolvendo a virtude da generosidade. O desprendimento confere, além disso, com a serenidade do coração, a perfeita liberdade interior.

O nosso olhar passa agora da gruta para as colinas vizinhas: os pastores das proximidades conquistam-nos pela sua simplicidade. São simples, humildes e pobres. Vivem no cumprimento fiel e pontual dos seus deveres: *permanecendo de guarda ao seu rebanho pela noite fora.* É por isso que são os primeiros a ser informados da Boa-nova, e é por isso que serão os primeiros adoradores do Filho de Deus. As escolhas de Deus apresentam-se sempre condicionadas à presença nas almas destas virtudes de sabor perfeitamente evangélico. As trevas dissipam-se, o silêncio é quebrado, e os pastores recebem do anjo a alegria da Boa-nova: *Anuncio-vos uma grande alegria*. A nossa simplicidade revelará a medida da nossa participação na alegria do nascimento de Cristo.

Ao darem glória a Deus, os anjos prometem a paz — a paz de Cristo que nasceu — aos homens de boa vontade. Homens de boa vontade: essa é na verdade a única «classe» a que todos os cristãos deveriam pertencer! Se todos tivessem esta *boa vontade* evangélica, as classes, mesmo que subsistissem, deixariam certamente de se combater e unir-se-iam na unidade da *pax Christi in regno Christi*, da paz de Cristo no reino de Cristo.

Retifiquemos as nossas vontades diante da gruta de Belém, e tornemo-las verdadeiramente *boas*, prontas a servir com fidelidade ao Senhor. Se nos tornarmos, na luz que procede de Belém, almas simples e homens de boa vontade, participaremos profundamente da grandeza deste dia em que *apareceu a humanidade e a benignidade do nosso Salvador*.

Que a Senhora de Belém, Mãe de Cristo, nos ensine a renovar-nos interiormente, a compreender e a saborear a bondade e a humanidade do nosso Salvador, de Cristo que nasceu.

Direção geral
Renata Ferlin Sugai

Direção editorial
Hugo Langone

Produção editorial
Juliana Amato
Gabriela Haeitmann
Ronaldo Vasconcelos

Capa & diagramação
Gabriela Haeitmann

ESTE LIVRO ACABOU DE SE IMPRIMIR
A 20 DE OUTUBRO DE 2023,
EM PAPEL PÓLEN BOLD 90 g/m².